低地諸国(オランダ・ベルギー)の言語事情
―― ゲルマンとラテンの間で ――

河崎 靖 著
クレインス フレデリック

東京 **大学書林** 発行

序

　本書のねらいは、これまで日本ではあまり本格的に扱われることの少なかった「低地諸国(the low countries)」の言語事情について言語学・歴史学的に解説することであり、構成は次のようになっている。**第一部**では、ゲルマン諸言語に関する入門的概説を、語源・基礎語彙をもとに行った後に、ゲルマン諸語の世界を、ちょうど日本語のいろいろな方言群がそうであるように、いわば諸方言の融合体とみなし、その推移のさまを豊富な実例をもって示す(**第1章**)。そこでは、英語やドイツ語をオランダ語と比較し、その中間に位置するオランダ・ベルギーの国々における言語事情はどのようなものであるのか、その歴史的背景を探る。これに続く部分（**第2章**）では、オランダ語の最古の状態である古低フランク語のテクストを手始めにオランダ語の通史をまとめ、最終的に「オランダ語とは何か」という定義の問題に立ち返る。なお、**第3章、第4章**において古低フランク語のコンパクトな文法および現代オランダ語のミニ文法を提示し、読者が現代オランダ語をより深く理解するのに資することを心掛けた。次に、**第二部**では、オランダ語が話されている地域の南部（＝ベルギー）におけるゲルマン語（オランダ語）とロマンス語（フランス語）の接触に目を向け、ベルギーの真中をはしるオランダ語・フランス語の言語境界線の成立・発展過程を地名学・考古学・歴史学の知見をもとに説明する。また同時に、ベルギー王国創立後のフランス語化・言語境界線の移動・フランドル運動などの力学的メカニズムをも社会言語学的観点から解明する。本書第一部は　河崎　靖　が、第二部は　クレインス　フレデリック　がそれぞれ分担して執筆した。ただし、各執筆分を互いに校閲し合い本全体の統一を図った。

　なお、私たち二人を引き合わせ、今回のようなテーマで執筆をする機会をつくって下さった　京都外国語大学　浜崎　長寿　先生にここで改めて御礼を申し述べたい。また、大学書林　佐藤　政人社長からは折にふれてあたたかい励ましをいただき感謝にたえない。氏の御支援がなかったら本書は成立しなかったことであろう。お二人に対し衷心より御礼申し上げる次第である

河崎　靖
クレインス　フレデリック

目　次

第一部　オランダ語の世界

第一章　ゲルマン語の世界
　　　　――ゲルマン語内でのオランダ語の位置付け――……………2
　語源のはなし…………2
　英語・オランダ語・ドイツ語の関係………………3
　ゲルマン語の諸方言………………7
　オランダ語とは何か………………9
　オランダの諸方言………………9
　オランダ語の標準語………………13
　ベルギーの諸方言………………14

第二章　オランダ語の歴史………………16
　オランダ語の時代区分………………16
　フランク語の時代………………17
　古低フランク語………………19
　『ヴァハテンドンク詩篇』………………20
　中世オランダ語の特徴………………36
　オランダ語：中世から近代・現代へ………………45

第三章　古低フランク語文法表………………48

第四章　現代オランダ語ミニ文法………………60

目　次

第二部　ベルギーの言語境界線

はじめに………………………………………………………………66
　言語境界線についての研究の始まり………………………………66
　クルツの静止説………………………………………………………67
　ペトリの動態説………………………………………………………67
　フェルリンデンの歴史学的研究……………………………………68
　ヒセリンの言語学的研究……………………………………………69
　ミリスの社会言語学的考察…………………………………………72
　本稿の目的……………………………………………………………72

第一章　カエサルとベルガエ人……………………………………73
　先史時代………………………………………………………………73
　ケルト人の到来………………………………………………………73
　『ガリア戦記』に現れるベルガエ人…………………………………76
　ゲルマン語化の形跡…………………………………………………78
　混合地域としてのベルギー…………………………………………80

第二章　ローマ文化の影響…………………………………………81
　ローマの統治…………………………………………………………81
　フンドゥスの建設およびロマンス語化……………………………83
　ロマンス語化の拡大…………………………………………………85

第三章　フランク人の移住…………………………………………87
　フランク人……………………………………………………………87
　フランク人の侵略……………………………………………………88
　人口密度の減少………………………………………………………89
　新しい防衛組織………………………………………………………92
　ベルギー北部におけるフランク人の存在…………………………94

目　次

第四章　ゲルマン民族大移動とゲルマン語化 …………97
ゲルマン民族大移動 ……………………………97
ベルギー北部のゲルマン語化－考古学的観点から ……100
ベルギー北部のゲルマン語化－地名学的観点から ……102
サクソン人の影響 ……………………………105

第五章　言語境界地帯の成立 ……………………107
サリ法典 ………………………………………107
ロマンス語におけるフランク語の影響 ……………107
二言語混合地域の存在 ………………………109
言語境界「線」の成立過程 …………………110

第六章　フランス語化と言語境界線の移動 ………112
フランス語化 …………………………………112
フランス語使用の社会的な背景 ………………115
フランス語化政策 ……………………………115
ネーデルランド王国のオランダ語化政策 …………119

第七章　言語境界線の確立 ………………………121
ベルギー王国における言語政策 ………………121
フランドル運動 ………………………………122
言語境界線の作図 ……………………………124
言語調査と言語境界線の確立 …………………125
言語境界線確立の影響 ………………………127

結語 ……………………………………………132
あとがき …………………………………………134
注（第一部、第二部）……………………………135

第一部　オランダ語の世界

第一章　ゲルマン語の世界
——ゲルマン語内でのオランダ語の位置付け——

語源のはなし

　英語の name やオランダ語の naam、ドイツ語の Name は語形上、日本語の namae「名前」と非常に似てはいるけれども、実際にはそれは単なる偶然にすぎない。この例とは別に、オランダ語から日本語に入った「コーヒー」(＜koffie)の場合はどうであろうか。
　「コーヒー」は、原産地エチオピアからアラビア語 qahwa、トルコ語 kahve を経て17世紀にヨーロッパに伝わった。ことばの上では、もともとの語形をかなり維持した形で世界各地に広まった語である。この「コーヒー」の例と併せて、「ワイン」・「茶」のように、品そのものが原産地から遠い異国へ旅する際、その名前もともに放浪したような語ならば、その伝播した地の言語の語形がよく似ているのは当然と言えよう。

「コーヒー」：アラビア語 qahwa、トルコ語 kahve、イタリア語 caffè、英語 coffee、オランダ語 koffie、ドイツ語 Kaffee、フランス語 café、ロシア語 kofe.
「ワイン」　：ラテン語 vinum、フランス語 vin、イタリア語・スペイン語 vino、ゴート語 wein、英語 wine、オランダ語 wijn、ドイツ語 Wein、ロシア語 vino.
「茶」　　　：中国語厦門(アモイ)方言 t'e、英語 tea、オランダ語 thee、ドイツ語 Tee、フランス語 thé、イタリア語 té.

　これら諸例に加えて、「蜂蜜（酒）」という語もロマンに満ちた語である。英語やオランダ語、ドイツ語でこの語に相当する語(英語：mead、オランダ語：mede、ドイツ語：Met) は、広くユーラシア大陸を見回してみても、

ハンガリー語 méz、ギリシア語 méthy、リトアニア語 midùs、ロシア

語 med、サンスクリット語 madhu、古代中国語 mit.

というふうに、かなり広範囲に分布していることがわかる。学術的には未だ、日本語の mitsu「蜜」との対応関係が証明されたわけではないが、この語が上例のような放浪語（Wanderwort）であった可能性もなくはない。

英語・オランダ語・ドイツ語の関係

上例以外にも、英語・オランダ語・ドイツ語では似ている語彙が多い。そうした語彙は放浪語の場合に当たるのではなく、これらの言語が同じ系統に属していて同じ祖語から派生していることによる（こうした関係を姉妹語という）。もともと同系統の諸言語は次の図に示されるような系統樹にまとめることができる。

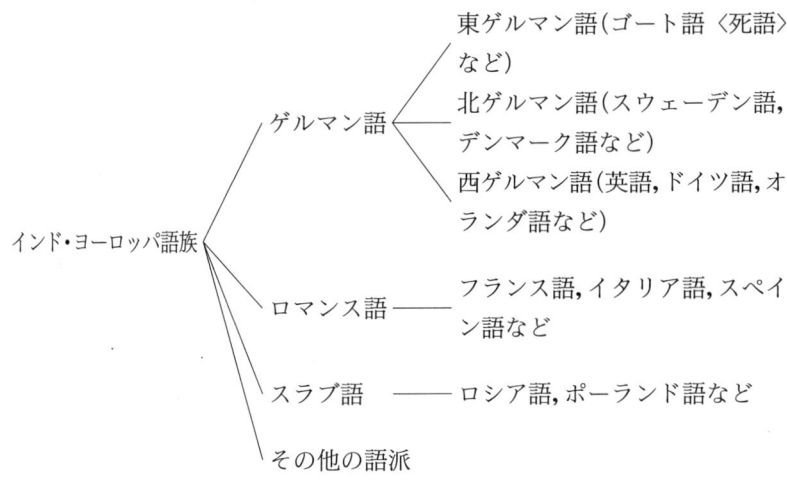

こうした歴史的背景があるために、英語・オランダ語・ドイツ語には、特に基礎語彙において数多くの対応が見られる。そのいくつかを示してみる。

英語 p(p)：a*pp*le　　　　英語 p ： shar*p*
蘭語 p(p)：a*pp*el 「リンゴ」　蘭語 p ： scher*p*　「鋭い」
独語 pf ： A*pf*el　　　　独語 f(f)： schar*f*

低地諸国の言語事情

英語 f ： thie*f*　　　　　　英語 v ： gi*v*e
蘭語 f ： die*f*　「泥棒」　　蘭語 v ： ge*v*en　「与える」
独語 b ： Die*b*　　　　　　独語 b ： ge*b*en

英語 t ： si*t*　　　　　　　英語 t ： wha*t*
蘭語 t(t)： zi*tt*en　「座る」　蘭語 t ： wa*t*　「何」
独語 tz ： si*tz*en　　　　　独語 s(s)： wa*s*

英語 k ： ma*k*e
蘭語 k ： ma*k*en　「作る」
独語 ch： ma*ch*en

このような語彙の対応関係については、すでに19世紀にグリム(J. Grimm)が発見し体系化している。グリムは、ゲルマン語派を通して親縁関係にある諸言語には一定の対応対応が見られることを明らかにした。ここでは、一例として、ゲルマン語派に属する、英語・南ネーデルラント語（フランドル語）・北ネーデルラント語(オランダ語)・ドイツ語の文字と発音の関係をwとvの実例をもってごく単純化した形で示してみたい。

このように、国境などの地理的境界を越えて一つの特性が徐々に推移してい

	発　音			
	英　語	南ネーデルラント語（フランドル語）	北ネーデルラント語（オランダ語）	ドイツ語
スペルw	[w]	[w]	[v]	[v]
スペルv	[v]	[v]	[f]	[f]

る様子がうかがえる。日本で言えば、ちょうど方言差に相当し、日本国内に東北弁や関西弁などいくつかの方言がありそれらが漸次推移し変異が生じているように、西ヨーロッパに、英語・オランダ語・ドイツ語などゲルマン語派に属する個別言語がいくつかあると捉えられよう。

第一章　ゲルマン語の世界

　中でも、オランダ語とドイツ語はかなりの類似性を示すため、時にそれら二言語を方言の連続体とみなそうとする考え方がなされることがある。逆に、オランダ語とドイツ語の間で最も顕著な相違点はと言えば、子音が体系的に変化した、いわゆる「高地ドイツ語子音推移」である。ドイツ語も、他のゲルマン諸語と共通のゲルマン祖語から派生したという点ではオランダ語・英語と同じだが、ドイツ語の場合は、この「ゲルマン語第二次子音推移」とも呼ばれる、南部ドイツを中心に起こった音変化によって語形が多少、他のゲルマン諸語からずれ、*Katze*「猫」、*Pfanne*「フライパン」、*Pfeffer*「胡椒」、*zehn*「10」のようになっている。オランダ語も英語も低地ゲルマン語であるため、このような変化は被っていない（英 cat：蘭 kat、英 pan：蘭 pan、英 pepper：蘭 peper、英 ten：蘭 tien）。また、オランダとドイツ北部の低地ドイツ語の語形は英語に似ている（蘭・低ド maken「作る（英：make）」、蘭 pond・低ド pund「ポンド（英：pound）」など）のに対し、ドイツ南部の高地ドイツ語は、-k の代わりに -ch を、p- の代わりに pf- を使う。中部ドイツ語地域では、個々の等語線は必ずしも一致しておらず、「高地」と「低地」の語形式のいろいろな組み合わせが見られる。

　「高地ドイツ語子音推移」という子音の体系的な変化は、その名が示す通り、高地ドイツすなわちドイツ南部に子音推移の現象を引き起こす核があり、強力な推進力をもってドイツ語圏を北の方へと進み諸方言に影響を与えていったという現象である。この音変化は、今でも一番その特色を色濃く残している南の地域でまず起こり、北の方へ拡大するにつれ、その強さは次第に衰えていったとみなされている。確かに、高地ドイツ語域の南部（上部ドイツ語域）では、次表に見るように、該当子音の破擦音化、摩擦音化がそろって起こっているが、高地ドイツ語の中央部では、破擦音 pf、tz は現われるが kx は見られず、さらに北に進むと、破擦音 tz のみで、pf、kx は現われないという漸次的な移行状態から見て、こうした捉え方が通常なされる[1]。

　一方、この見方と並行して、上のような言語状態を捉えるもう一つの観点として、「高地ドイツ語子音推移」は本来、高地ドイツ語最南端部から北の端ベンラーター線（Benrather Linie、maken-machen-Linie）まで一様に起こり、その後、中部ドイツ語圏の北部ではフランク方言が広範に普及していることによって抑えられ退行していったとする考え方がある[2]。つまり、いったんは推移を被った高地ドイツ語諸方言が、子音推移には関わらなかった、低

低地諸国の言語事情

地域	方言名	t-	-t-	-t	p-	-p(-)	k-	-k(-)
北部	Altsächsisch	t	t	t	p	p	k	k
↑	Mittelfränkisch	z	zz	z/t	p	f(f)	k	ch
	Rheinfränkisch	z	zz	z	p	f(f)	k	ch
	Südrheinfränkisch	z	zz	z	p	f(f)	k	ch
	Ostfränkisch	z	zz	z	pf	f(f)	k	ch
	Bairisch	z	zz	z	pf	f(f)	kx	ch
↓	Alemannisch	z	zz	z	pf/f	f(f)	ch	ch
南部	Langobardisch	z	s(s)	s	p	p/f(f)	k	ch

地のフランク方言に影響を受けて同化作用を被ったのではないかとする捉え方である。もちろん、こうした方言学的・社会言語学的な問題には、言語地理学あるいは文化史に関する歴史的な考察を欠くことはできない。ただ、フランク族の政治的勢力と言語的影響力には並行関係があって、「高地ドイツ語子音推移」が中部ドイツ・上部ドイツといった地域により階層をなすのは、フランク族から受けた影響の程度差によるものであると考えるのも、音変化の拡張のプロセスとして自然言語の一現象を説明するのに無理のないものである。

　こうした複雑な言語相に絡んで、言語と方言の区別を考える場合、一般に人々が相互に理解できるのかどうかが一つの重要な要素である。例えば、オランダ語を母語とする話し手は低地ドイツ語を理解でき、低地ドイツ語の話者はドイツ中央部の方言が理解できる。しかしながら、オランダ語とバイエルン方言のように方言連続体の両極にある言語変種では、相互の理解は難しい。このような状況では、言語と方言を言語学的に区別することは多かれ少なかれ恣意的とならざるを得ない。例えば、スイスのドイツ語は、標準ドイツ語の話し手にはとうてい理解できない言語であるにもかかわらず、方言とされている。その理由は、スイスのドイツ語は、スイスという国の中で書きことばとして使われている標準ドイツ語と並存しているからであり、また、地方方言から標準語に至る言語変種が連続しているため、その境界線がはっきりしないからである[3]。

第一章　ゲルマン語の世界

ゲルマン語の諸方言

　古い時代に遡れば、上述の諸言語間の類似性はさらに強まる。ゲルマン語系の諸言語の文献について言えば、やはり聖書の断片がその言語の最古のまとまったものであるというケースが多い。ゲルマン語の古い状態を示すのに、聖書の一節を挙げることから始める。新約聖書・マタイ伝（6：9-13）の「天にましますわれらが父よ」の箇所は各個別言語（10世紀以前）でどうなっているかというと[4]、

　　古　英　語：Fæder ûre, þû þe eart on heofonum.
　　古低独語：Fadar is usa firiho barno, the is an them hohon himila rikea.
　　古高独語：Fater unsêr, dû pist in himilum.
　　ゴート語：Atta unsar thu in himinam.

少し時代が下るとオランダ語にも文献が現われる。ここでは、『ライネケ狐』からの一節を引用することにより中世低地ドイツ語との対比の形で中期オランダ語の姿を示してみる。

　　中低独語：It geschach up einen pinxtedach, dat men de wolde unde
　　　　　　　velde sach grone stân mit lôf unde gras. （1498年）
　　中期蘭語：Het was in eenen tsinxen daghe, dat beede bosch ende haghe
　　　　　　　met groenen loveren waren bevæn. （1270年頃）

続いてさらに、現代のゲルマン諸語につき方言推移の様子を見るべく具体的にいくつかの個別言語に代表させて基本的な語彙を対照させてみよう。

英語	オランダ語	ドイツ語	
apple [æpl]	appel [apəl]	Apfel [apfəl]	「リンゴ」
ten [ten]	tien [ti:n]	zehn [tse:n]	「十」
book [buk]	boek [bu:k]	Buch [bu:x]	「本」
church [tʃə:rtʃ]	kerk [kɛrk]	Kirche [kirçə]	「教会」

day [dei]	dag [dax]	Tag [taːk]	「日」
goose [guːs]	gans [gans]	Gans [gans]	「ガチョウ」
year [jiər]	jaar [jaːr]	Jahr [jaːr]	「年」
seek [siːk]	zoeken [zuːkə(n)]	suchen [zuːxən]	「探す」

　上表が示すように、これら3言語のうちどれか一つの知識のある人なら、おそらく他の二言語の単語の意味もすぐに見当がつくであろう。もちろん逆に、しばしばあることではあるが、外見が類似しているものは、意味が場合によっては少なからぬ違いがあるケースがある。例えば、蘭：*aardig*「感じがよい」―独：*artig*「行儀良い」、蘭：*aandacht*「注意」―独：*Andacht*「尊敬」、蘭：*verzoeken*「頼む」―独：*versuchen*「試みる」などである[5]。それにしても、英語・オランダ語・ドイツ語の語彙がこれほどまでに似ているとすると、果たしてそれらの母語話者の感覚というのはどのようなものであろうか。もし英語の話者がオランダ語の勉強を始めると、少なくとも最初のうちはオランダ語と自分の母語とで語彙があまりに酷似していることに気付くであろう。ただ、長い目で見ると、当初思ったほど、この点が英語話者のオランダ語学習に役に立つようではなさそうである。と言うのも、英語の語彙はあまりにも強く、また、あまりにも長く、非ゲルマン語的な影響を受けてきたからである。そのせいで、ノルマン人侵入以前の古英語(Old English)期と比べると現代英語は自ら本来のゲルマン語的な姿を保つことがなかった。片や、オランダ語の語彙は、その多くがゲルマン語起源のものである。もっとも、オランダ語史においても語彙面で外国語からの影響を少なからず被っていることは言うまでもない。必要に応じて他言語から借用を行い、語彙を増やしていくのはどの言語にとっても自然なプロセスである。とりわけオランダ語の場合、国民のポリグロットな性格のせいもあってか、英語やドイツ語の語彙を割と抵抗なく受け入れる傾向があるのは確かである（fifty-fifty「五分五分」〈英語から〉、überhaupt「そもそも、一般的に」〈ドイツ語から〉など）[6]。

第一章　ゲルマン語の世界

オランダ語とは何か

　オランダ語は、オランダに住む人々（約1,530万人）および、ベルギーに住むいわゆるフランドル人（約600万人）の母国語である。また、フランスの北東部（フランス・フランドル地方）で、およそ15万人の人々によっても第二言語として話されている。さらに、オランダ語は、スリナム共和国、オランダ領アンチルのリーウォード諸島（キュラソー島、アルーバ島、ボナイレー島）の公用語でもある。実際、スリナム人は、1975年11月の独立以降もオランダへ移り続けている。インドネシアは1948年に独立したが、今なお、かつてのオランダ領東インドでオランダ人に混じって教育を受けた年配の人はオランダ語をとてもうまく話す[7]。
　一見ヨーロッパの一少数言語と思われるオランダ語は、実際は世界全体ではかなり多くの人々に話されている。大航海時代、オランダ人が世界の各地に出かけ、そこに言語を含めた文化的諸影響を残したという時代があり、先に挙げた、ヨーロッパ以外でオランダ語が話されているいくつかの地域は、その時代の数少ない名残りである。例えば、アフリカーンスという今日、南アフリカ共和国の公用語として英語に次いで使われている言語があるが、これはオランダ語から枝分かれした、比較的新しい言語である。この言語は、1652年に喜望峰近くの植民地に移住したオランダ人のオランダ語がもとになり、現地の諸言語の影響を受け独自の発達をした言語である（話者：400万人）。現地語と混合して形成され成立したが、語彙の面ではオランダ語と大きな差は見られない。

オランダの諸方言

　現在のオランダ語の呼称であるNederlandsが言語名として定着するのは、ようやく19世紀に入ってからのことである。それ以前に使われていたNederduitsch（独語：Niederdeutsch）という用語が、16世紀になってドイツ中南部の高地ドイツ語（独語：Hochdeutsch）との対比で使用されるようになったためである[8]。かくして、このNederlandsという用語は現在オランダおよびベルギーのフランドル地方の言語を表わす公称となっており、その言語の日本語訳としては本来「ネーデルラント語」とすべきところであろうかと思われる。「ネーデルラント」は「低い土地（＞低地諸国）」の意でオランダおよび

ベルギーの両方を指している。日本語で言う「オランダ」・「オランダ語」という語は、周知のように、Hollandという一つの州の名前に由来している。これに関しても、厳密に言えば、ホラント(Holland)州の言語をオランダの国語とするのが適切でないのと全く同じように、ベルギーの東・西フランドル(Vlaanderen)州の諸方言の総称をもってベルギー北部の言語名(フランドル語)とするのは本来おかしい。日本の場合に当てはめるならば「関東語」といったようなものである。こうした意味で、当該地域の言語名としては、「ネーデルラント語」というのが最も望ましい用語であるように思われる。

　現在の標準ネーデルラント語（日本で一般的に「オランダ語」と呼ばれる）の成立について見るには、その歴史的背景を遡る必要がある。もともとオランダ・ベルギーは一つの文化圏を形成しており、ともにスペインに対して独立戦争を引き起こし、1579年、南北（オランダ・ベルギー）に分離する。それ以来、北側と南側で言語が特有の発展をし、いわゆる「オランダ語」・「フランドル語」の２つのブロックができあがった。その後、宗教上の理由から多くの難民が南（ベルギー）から北（オランダ）に移り、南の言語が北で標準語(＝書きことば)の礎になり、その後バタビア共和国(Bataafse republiek)以来の中央集権によって発達した「北」のホラント(Holland)州のことばと「南」のことば両方が相混じる形で標準ネーデルラント語が形成されていった。その際、書きことばと話しことばが同化する過程で「北」の（話しことばの）要素が標準語の中に取り込まれることとなった[9]。中世以来の方言分布について概観するならば、およそ、ベルギー・オランダの西部地域においてフランク方言が話される一方、フローニンゲン州、デゥレンテ州、オーバーエイセル州、フェリュエの東部、アウデ・エイセル(Oude Ijssel)以北のワーテルフック(Waterhoek)地方ではサクソン方言が拡がっていると言える。

　　　例：「古い」　　フランク方言 oud、サクソン方言 old
　　　　　「しばしば」フランク方言 dikwijls、サクソン方言 vaak

オランダ語の方言を分類し境界設定をするとしたら次の地図のようになる。大まかに言って、アイセル川はフランク語域とサクソン語域とを隔てる伝統的な境界であり、およそ西側にフランク語を母体とした方言（ホラント方言＜ヴェストフリース方言・アムステルダム方言・ロッテルダム方言・ユトレヒ

第一章　ゲルマン語の世界

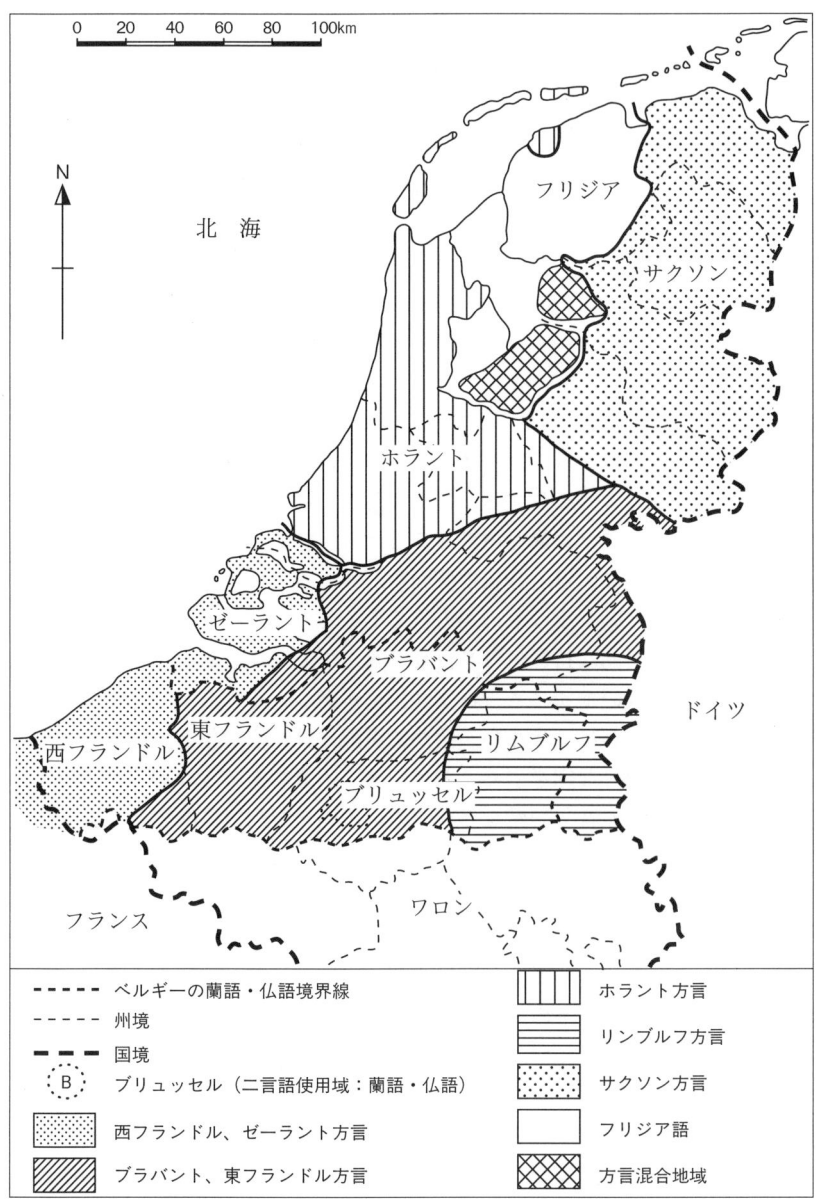

地図1　オランダ語諸方言（「私たちの遺産（Ons Erfdeel）」協会編
　　　『オランダ語―オランダ、フランドルの2000万人の言語』1981年より）

ト方言といった多くの下位区分を含む）・ゼーウス方言・フランドル方言・ブラーバント方言・リンブルフ方言）があり、一方、東側にフローニンゲン・ドレンテ・オーヴァーアイセル、そしてフリースラントおよびヘルダーラントの一部の、サクソン語を母体とした方言が位置する。

　南側すなわちオランダ、ベルギー間にはいくつかの同名の方言が国境を越えて拡がっている。両国のフランドル方言・ブラーバント方言・リンブルフ方言である。これらのうち、例えば、オランダのブラーバント方言とベルギーのブラーバント方言の間に線を引くことは不可能である。16世紀末になって生まれたオランダ・ベルギー間の国境よりも、諸方言は当然はるかに古いのである。

　方言学は、オランダ・ベルギーでは常にかなりの関心を集める分野である。オックスフォード辞典は方言を次の通りに定義している：「発音・語彙・語法の地域的特性によって生ずる、言語の変種。通常は特に現代語に関して、標準語もしくは文語とは異なる話しことばの変種のこと」。この定義は、オランダ語の方言研究における複雑な側面を理解するのに大いに役立つ。オランダ・ベルギーでどのようなものが方言であるとみなされるのかを明確にし、また方言間の相対的な特徴付けを行うことが可能になるからである。オランダ語にはそれぞれの地域にさまざまな相違があり、それら一つ一つがすべて方言とみなされるわけではない。確かに実際には、標準語と方言あるいは二つの方言の間に明確な線を引くことは極めて困難な作業ではあるが、方言の認定というのは、発音や語彙など言語のいろいろな面で標準語との関係がどのようなものであるかによって行われる。地方ごとの話しことばは連続したものであるという事実は、オランダとベルギーの場合にも適切に当てはまる。つまり、方言は国境や州境をも越えて拡がる。例えば、オランダとドイツの国境に沿って話されていることばは、その方言の話者が自身の標準的な書きことばとみなしているものがオランダ語かそれともドイツ語かによって、オランダ語の方言ともドイツ語の方言とも分類される（すなわち、書きことばがオランダ語ならオランダ語の方言、ドイツ語ならドイツ語の方言とみなされる）。どこの国境でも、その両側に住んでいる住民は実質的には同じ方言を話しているが、本を読んだり手紙を書いたりする時には、オランダの住民はオランダ語の標準語に基づき読み書きするだろうし、ドイツの住民はドイツ語の標準語で読み書きするだろう。方言学的に見て、いわゆる標準オランダ

語対方言という図式で捉える場合、何をもってオランダ語方言とするかという問題がある。この問いかけに関して最もオーソドックスな見解は、おそらく J. Goossens という学者の「オランダ語に類縁した方言で、より類縁の近い言語ではなくオランダ語が標準語(cultuurtaal)としての役割を果たしている地域で話されている方言」ということになろう。およそ一般的に考えられている、オランダ・ベルギーのオランダ語圏にある、フリジア語ではないゲルマン語の方言という考え方に一致する[10]。

オランダ語の標準語

オランダにおいて ABN (*Algemeen Beschaafd Nederlands*「一般教養オランダ語」) と呼ばれるものが、オランダのいわゆる標準語である[11]。ただ、特にベルギーでは、*Beschaafd*「教養的」の部分を抜き、単に AN「一般オランダ語」と呼ばれるのが普通である。オランダにおける平均的なオランダ語の話者が ABN とみなしているものは、南・北ホラント州およびユトレヒト州の上流階級が話すことばであると言うことができる[12]。

かつて次のような ABN の定義があった。それは、いかなる場合でも話し手の出身地を露呈しないのが優秀なオランダ語だというものであった。Van den Toorn という学者は次のような定義を提案している：「ABN 話者とは通常の学校辞書の語彙を自身のものとして広く受け入れ、それを積極的に用いる人のことである」。また、Koelman は ABN を「ABN はいつかは実体をもつものとなるかもしれないが、現時点においてそうでないことは明らかである。その証拠に、決定的な定義をまとめあげようとしても、わかっているのは抽象的なことだけである」と述べている。Van Haeringen はオランダおよびイギリスにおける標準語と、高地ドイツ語の標準語の地位について比較対照を行っている。彼によれば、オランダ語における標準語の地位は英語におけるよりは弱いが、ドイツ語よりは強いのだという[13]。

17世紀、オランダは「黄金時代」を迎えるが、この繁栄に最も大きな貢献をしたのは南部フランドルからの移民である。フランドルからの移住をはたした何万もの人々のことばとホラント方言が融合し、当時のホラント州では新しい口語が形成された。南部の要素を取り入れたこの新しいことばは次第に国中に広められていった。このように、日本語でいう「オランダ」の元ともなったホラント州のホラント方言は、地域による多少の変異は認められる

ものの、いわゆる標準語の母体である。例えば、語頭の v の無音化(例：*voeten* の語頭音を [f-] と発音) は現在のオランダ側の標準語に取り入れられているが、これはホラント方言の一つの特性である。ホラント州でよく耳にする表現に「河川の南」(*ten zuiden van de grote rivieren*) というものがある。これは、ことばの上で南北が相違していることを表わす際に用いられる。ここでいう「南」のことば、つまり、オランダで普通、南ネーデルラント語 (*Zuidnederlands*) と呼ばれているものは、ブラーバント方言とリンブルフ方言である。オランダの中央を東西に並行して流れる河川群は、北から順にレック川 (ライン川の主要な河床)、ヴァール川 (ドイツからオランダへと国境を越えたすぐのところで分裂するライン川の一部)、そしてマース川である。山・湖・川のような地形的な要因は言語同志の、あるいは特定の言語の方言同志の境界となるのが通例だが、オランダの河川束はこの現象の古典的な例である。これらの河川はネーデルラント史において独自の重要な役割を果たしてきた。独立戦争の時、スペインの攻撃に対する防衛線となり、結果的に南北ネーデルラント (オランダとベルギー) の分離を生むこととなった。

　ベルギーにおいては標準語の地位はどうなっているのだろうか。オランダとベルギーでは、発音にも、語彙、語法にも、はっきりした相違があることは疑問の余地がない。そうでありながら、フランドル人の有識者が *ABN* を話しているということは認めざるを得ない。そのような人々の用いるオランダ語、すなわち、ベルギーでいうところの *AN* のことは、Van Dale(オランダ・ベルギー両国における権威的辞書) では、*Zuidnederlands*「南ネーデルラント語」と分類されている。つまり、*Zuidnederlands* とオランダのオランダ語がお互いに影響を及ぼしながらいわばネーデルラント語の標準語が形成されるとする見方である[14]。

ベルギーの諸方言

　オランダ南部ををほぼ東西に流れる河川群 (レック川・ヴァール川・マース川) の北側では語頭の v と f が無声化する傾向がある。一方、河川群の南側 (すなわち、オランダ南部およびベルギー) では、この現象は見られない。南部の人は語頭の v と f、また z と s を必ず明確に区別する。河川群のさらに南を走る国境線のベルギー側の方言は概してフランドル語と呼ばれている。

　ベルギーの方言状況はオランダよりもはるかに込み入っている。大まかに

第一章　ゲルマン語の世界

言って、ベルギーには西フランドル方言・東フランドル方言・ブラーバント方言・リンブルフ方言という4つの大きな方言が存在し、それは州の区分に大体一致している。これらの方言のそれぞれの間に線を引くのも難しいし、また、これらの方言をひとまとめにして国境のオランダ側で話される方言との間に線を引くのもやはり難しい。先の「フランドル語」というのもベルギーで話されているオランダ語を表わす総体的な名称ということになる。フランドル語と標準オランダ語の間に今後さらに均質化が進むであろうが、一方、地域の話しことばへの関心が地域文化の他の面と同じように高まっていることは注目に値する。標準語とは何かと問いを発する以前に、方言とは普通の人たちが一般に考えているような標準語からの逸脱ではなく、実際には標準語の方がこれらの方言の多様さゆえ方言を組み合わせて作られた産物なのであるということが言えよう。標準語と方言の関係について、本章の最後に、筆者の留学(Nijmegen 大学)時代の恩師のことばを掲げておく。

　Het witte zonlicht en de regenboog tesamen vullen het zwerk van de Nederlandse taal in al zijn kleurenrijkdom, in zijn 'eenheid in verscheidenheid'.（Hagen 1991：9）

　「方言は言ってみれば虹のそれぞれの色であり、標準語と相俟って豊かな色合いを放つ。多様でありながらも統一体として。」[15]

第二章　オランダ語の歴史

オランダ語の時代区分

　オランダ語など西欧の個別言語に関して古い文献を調査する場合、主として聖書関係のテクストが対象となる。ゲルマン語系の諸語についてもやはり聖書の断片がその言語の最古のまとまった文献であるという場合が多い。オランダ語の古い段階である古低フランク語に関しても、旧約聖書の『詩篇』の、ラテン語との対訳が今日まで残されている最古のテクストである[16]。名を『ヴァハテンドンク詩篇』(Wachtendoncksche Psalmen)という。下表のように、古くは人名、地名しか記録が残っていない時期がしばらく続き、ようやく10世紀になってこの『詩篇』が登場する。極めて古い時期に関しては上に述べたように、オランダ語には言語資料が見出されず、また10、11世紀に入ってからの文献もいずれもキリスト教関係のものに限られる。

中世前半(7〜11世紀)のオランダ語文献

7世紀	人名，地名
8世紀	人名，地名
9世紀	人名，地名，注解語彙集
10世紀	人名，地名，注解語彙集，'Wachtendoncksche Psalmen'
11世紀	人名，地名，注解語彙集，'Leidener Williram'

ここで、少しオランダ語の時代区分について触れておくと、多くの語史の本に見られるような一般的なものは次の通りである[17]。

　　中世期　de oudste fasen
　　　1．古期オランダ語　Oudnederlands

2．中期オランダ語　Middelnederlands
　新オランダ語　Nieuwnederlands
　　1．成立（16世紀）opbouw van het Nieuwnederlands in de 16de eeuw
　　2．発展　（17、18世紀）uitbouw van het Nieuwnederlands in de 17de en 18de eeuw
　現代オランダ語　Modern Nederlands

他のゲルマン系諸言語も大体これに準じ、中世初期、中世盛期、近世以降という区分のしかたを言語に適用することが多い。

フランク語の時代

　フランク族という集団の定住の形成史に関しては、1920年代に研究に新しい流れが起こって以来、その影響下にいくつかの新しい展望が得られてきた。それまでの古い学説では、フランク族の大規模な移動、定住がなされたのは、今日のゲルマン・ラテン言語境界線の東側と北側の狭い地帯に限られていると考えられていた。ところが、言語学、地名学、考古学の発達に伴って、フランク族の定住地域は現在の言語境界線をはるかに西に越えてロワール川に至るまで及んだこと、その結果、ライン川とロワール川にはさまれた広大な地域にはメロヴィング時代全体を通じてゲルマン・ラテン両民族の並存する状態であったことが次第に明らかになってきた。この意味で、今日の言語境界線は、フランク族のラテン世界 Romania への定住開始の時からカロリング時代初期に至るまで続いた両民族の言語的、文化的な拮抗・融合そして西から東に向かう再ローマ化の過程の終結点として成立した均衡状態であるとみなすことができる[18]。フランク族が初めて歴史資料に登場するのは紀元後256年、ローマの国境城壁を越えて北ガリア、すなわち現在のベルギーに入った時のことである。国境城壁とは、おおざっぱに言ってドナウ川沿いを西から東に、またライン川沿いにオランダのカトウェイク（Katwijk）近くの河口まで南から北に伸びている線にほぼ一致するローマ帝国の国境線である。これより北側の地域、すなわち現在オランダ語圏になっているベルギー北部およびライン川南部のオランダからは、事実上ローマは撤退しガリアの内側に引っ込むことになる。ここで挙げた境界線は、今日でも残っているゲルマン語とガリアの俗ラテン語（Vulgata、現在はフランス語）間の本来の境界に非常

低地諸国の言語事情

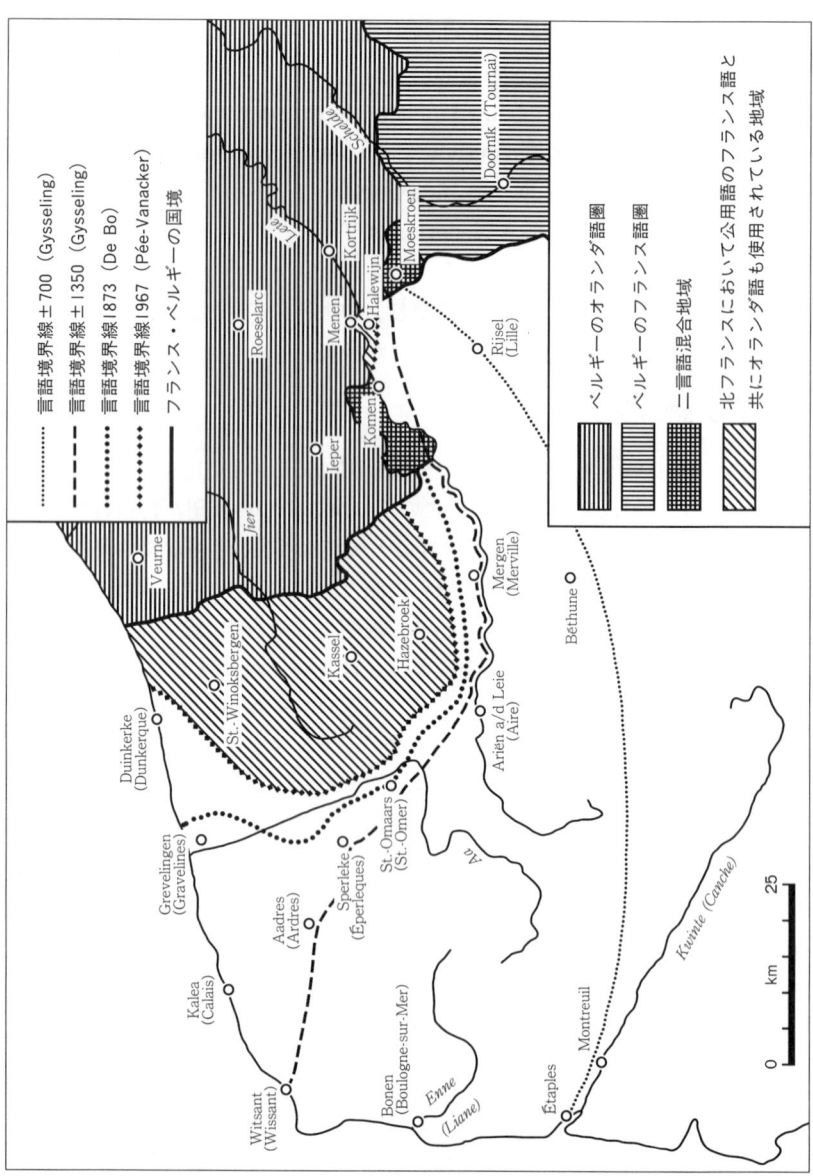

地図2　ベルギー西南域における言語境界線―過去と現在― Prins, W. (1978)『オランダの歴史 (Geschiedenis der Nederlanden)』(Elsevier, Amsterdam) Vol. 1, 81頁より。Donaldson (1999：61) も参照のこと。

― 18 ―

第二章　オランダ語の歴史

近接している。ただし、アーヘン (Aachen) 近くのドイツの境界からベルギーを通ってダインケルケ (Duinkerke) 近くのフランスの海岸地方まで貫いている言語的境界について言えばゲルマン語圏はラテン語圏に対してやや譲歩していることになる。

　移動期におけるフランク族の実態がいかなるものかを探るため、フランク族について語る史料を検討してみてわかることは、フランク族像は実はそれほど単純な自明性をもつものではないということである。初期（5世紀末頃まで）のフランク族には統一政権が長らく存在せず、当時フランク族はいくつもの独立した政治単位に分かれていたであろう。フランク族の起源も、たいていの他民族の場合と同じくはっきりしていない。ただ、ローマ領のガリア地方に勢力を拡大する以前のフランク族の故地は、おそらくケルンとクサンテン間のライン川の中、下流あたりであったと推測される。この時代フランク族は文字の文化をもっていなかったため、数世紀の間、事実上はゲルマン人が西暦500年頃から徐々にキリスト教に改宗するまで、フランク族に関する情報を得ることができるのは専らローマ側の史料による。フランク族の日常語、すなわちフランク語で書かれたテクストは存在しなかった。実際、文献と言えるゲルマン語で書かれたテクストが多く書かれたのは、カロリング朝時代においてだけだった（いわゆるカロリング朝ルネサンス）と考えられる。いずれにせよ、フランク族は、高度な文明をもつガリア・ローマ民族のすぐ近くに何世紀にもわたって住み続け、その間に双方の世界を統合したような文化を発展させた。すなわち、フランク族はローマ文化の影響を大きく受けながら、ガリアの地にフランク文化と呼んでいい独特の文化を発展させたのであった[19]。

古低フランク語

　現代オランダ語の最古期に当たる古低フランク語で書かれたまとまったテクストはないため、歴史言語学はこの時期のラテン語によるテクストの中に残されているオランダ語の名称や語句注釈で補わなければならない。例えば次のような地域の地名として残存している：Twente、Kennemerland、de Betuwe。その意味で、9-10世紀のヘント (Gent) のラテン語文書における古低フランク語の固有名詞を研究したマンション (G. Mansion) の『古ヘント固有名詞研究』(Oud-Gentsche Naamkunde) は、最古のオランダ語に関する情

報源として不可欠である。また、『サリ法典』(Lex Salica) のようなラテン語テクストに含まれている、典型的なゲルマンの法概念を示すゲルマン語彙は別の意味で重要な情報源となる。あるいは、ラテン語テクストの中にしばしば見られるゲルマン語による語句注釈、例えば写本の行間や余白に書き込まれた注解も大いに重要である。例えば、ドイツのライン地方の古（東）低地フランク語文献である『ヴァハテンドンク詩篇』(Wachtendoncksche Psalmen) がこれに当たる。『ヴァハテンドンク詩篇』の文法を記述するとは、すなわち、古低フランク語の文法を記述することである。『ヴァハテンドンク詩篇』は、別名『カロリング詩篇』(Karolinger Psalmen) とも呼ばれ、おそらくフランク語に属していたリンブルフ方言で書かれたであろうと推定される、俗ラテン語からの行間訳である。『ヴァハテンドンク詩篇』の手稿本はすでに失われ、そこから派生したと考えられるいくつかの写本が残っている。16世紀、Liège（ベルギー・リエージュ）の司教座聖堂参事会員 Arnold Wachtendonck が1591年6月から1592年7月まで Justus Lipsius（ベルギー・ルーヴァン大学の人文主義者、1547-1606）に貸し与えた資料が、この原典を想定させるきっかけになった。その時の感動の様子を Lipsius が知人 Jan van der Does に宛てた手紙（1591年8月2日）で綴っている：「ある古いラテン語『詩篇』の中に、サクソン語の行間訳、および、我々の祖先のことば（すなわちフランク語＜筆者注＞）がたくさん書き記されている」。[20] ここでは、現在まで残っている数種の写本のうち一つを取り上げ文法・語彙に関して詳細に注釈を付けることにする。

『ヴァハテンドンク詩篇』

　本章では、いくつか断片的に残されている写本の1つ Leeuwarden 写本を例に『ヴァハテンドンク詩篇』の最初の3節を、古フランク語・俗ラテン語・現代オランダ語訳・日本語訳順で提示する。写本は、ラテン語聖書の行間にフランク語が記される形態をとっている。以下では翻刻転写したフランク語をまず太字で挙げ[21]、注釈の後、続いて同写本のラテン語原文を示し、その後、現代オランダ語訳（クレインス 訳）および日本語訳（河崎 訳）を挙げる。現代オランダ語訳は文法的に可能な限り、フランク語原文の語順・用語を変えず、原文を直訳したものである。古風な表現であるが現代のオランダ語話者の理解可能なものはそのまま残した。現代オランダ語訳中の（　）は訳者の

　　　　　　第二章　オランダ語の歴史

補注を示す。また、日本語への訳出についても、ラテン語テクストを参考にしつつもフランク語のみを原文とした。なお、古フランク語の注釈以外にも、第一部末に付した古フランク語の文法表をも参照されたい[22]。また、注釈の中に随時提示したが、この Leeuwarden 写本の特徴は出だしの箇所に所々ドイツ南部の高地ドイツ語形が見受けられることである。例えば、holz(Ps.1-3)、stuppe(Ps.1-4)などである。こうした語形は『詩篇』の章が進むにつれて徐々に少なくなっていく。

Psalm 1

1. Salig man ther niuueht uor in gerede ungenethero inde in uuege sundigero ne stunt, inde in stuole sufte ne saz.

　salig「幸福な」、man「人」、ther：関係代名詞（男性単数主格）として、以下に続く inde（接続詞「と」）でつながれた3つの従属文 niuueht uor in gerede ungenethero「悪しき人々のことばを受けない」、in uuege sundigero ne stunt「罪深い人々の道に立たない」、in stuole sufte ne saz「病む者の席につかない」を先行詞 man「人」と結び付けている。niuueht：否定詞「〜ない」、uor（＜fuor、f の脱落）「行く」3人称単数過去（＜faron）、gerede「助言」中性単数与格（＜geredi）、ungeneth「悪い（＜神のいない）」男性複数属格（よってここでは「悪い人々の」の意）、in：前置詞「〜の中に」、uuege「道」（＜uueg）、sundig「罪深い」男性複数属格（よってここでは「罪深い人々の」の意）、ne：否定詞「〜ない」、stunt「立つ」3人称単数過去（＜stân）、stuole「椅子」、sufte「病気」女性単数属格（＜suft）、saz「座る」3人称単数過去（＜sitten、sitzen）。

〈俗ラテン語（Vulgata）〉
Beatus vir qui non abiit in consilio impiorum et in via peccatorum non stetit et in cathedra pestilentiae non sedit
〈現代オランダ語訳〉
Zalig de man die niet trad in de raad der goddelozen en op de weg der zondaars niet stond, en in de stoel der zieken niet zat.

— 21 —

〈日本語訳〉
悪しき人々のことばを受けず、罪深い人々の道に立たず、病む者の席にはつかない人は幸福である。

2. **Nauo in euun godes uuille sin : inde in euun sinro thenken sal dages inde nahtes.**

nauo「しかし」、euun「掟、法」女性単数与格、godes「神」男性単数属格（euun「掟、法」を修飾）、uuille「意志」男性単数主格、sin：所有代名詞「彼の」男性単数主格、inde：接続詞「そして」）、sinro：所有代名詞「彼の」女性単数与格（直前の euun「法」にかかる）、thenken「考える」、sal「～であろう」未来の助動詞（＜sulan）、dages「日」副詞的属格、inde：接続詞「と」、nahtes「夜」（本来なら女性単数属格の -i の形が予想されるが、dages「日」からの類推で -es の語尾が現われている）。

〈俗ラテン語(Vulgata)〉
sed in lege Domini voluntas eius et in lege eius meditabitur die ac nocte
〈現代オランダ語訳〉
Maar in de wet Gods zijn wil (ziet/denkt) : en aan zijn wet denken zal dag en nacht.
〈日本語訳〉
神の掟をよろこび、昼も夜もその掟のことを思う。

3. **Inde uuesan sal also holz that gesazt uuart bi fluzze uuassere that uuahsemon sinan geuan sal in stunden sinro. Inde louf sin niuueht nitheruallan sal, inde alla souuelixo duen sal gesunt uuerthan sulen.**

inde：接続詞「と」、uuesan「～である」不定詞、also「～のような」、holz「木」中性単数主格（この語 holz「木」を先行詞として、以下、関係代名詞 that で導かれた二つの文が続く）、that：関係代名詞(holz「木」にかかる)、gesazt「植える」過去分詞（＜setten, setzen）、uuart「～(ら)れる」受動の助動詞（＜werthan）、bi：前置詞「～のそばで」、fluzze「流れ」男性単数与格、uuassere「水」中性複数属格、that：関係代名詞（前出の that と同じく holz「木」にかかる）、uuahsemon「果実」男性単数対格（＜uuahsmo）、

— 22 —

sinan：所有代名詞「それの」男性単数対格、geuan「与える」不定詞、sal「〜であろう」未来の助動詞（＜sulan）、stunden「時間」女性単数与格（＜stunda）、sinro：所有代名詞「それの」女性単数与格、louf「葉」、sin：所有代名詞「それの」中性単数主格、niuueht：否定詞「〜ない」、nitheruallan「落ちる」、alla「すべての」中性複数主格（＜al）、souuelixo「〜することは何でも」関係代名詞、中性複数対格（＜so-welik、so-という接辞が「あらゆる」という普遍的な意味を添える）、duen「〜する」、gesunt「健全な」、uuerthan「〜になる」（＜werthan）、sulen「〜であろう（3人称複数形）」未来の助動詞（＜sulan）。

〈俗ラテン語(Vulgata)〉
et erit tamquam lignum quod plantatum est secus decursus aquarum quod fructum suum dabit in tempore suo et folium eius non defluet et omnia quaecumque faciet prosperabuntur
〈現代オランダ語訳〉
En wezen zal als een boom, die geworteld was bij vloeiend water, die zijn vrucht geven zal in zijn seizoen. En zijn loof zal niet nedervallen, en alles wat hij doen zal, zal gezond(=heilzaam)worden.
〈日本語訳〉
流れのほとりに植えられ、時が来ると実を結ぶ木の如しである。その葉は落ちない。そのなすことはすべて栄える。

4. **Niuueht so ungenethe neuueht so : noua also stuppe that foruuirpet uuint an anlucce erthan.**

   niuueht、neuueht：否定詞「〜ない」、ungeneth「悪い」男性複数主格、so「そのように」、noua「しかし」、also「〜のようで」、stuppe「埃」中性単数主格（＜stuppi）、foruuirpet「吹き去る」3人称単数現在（＜far-werpan）、uuint「風」男性単数主格、fan：前置詞「〜から」、anlucce「(表)面」中性単数与格（＜ant-lucci）、erthan「(大)地」女性単数属格（＜ertha）。

   〈俗ラテン語(Vulgata)〉
   non sic impii non sic sed tamquam pulvis quem procit ventus a facie

terrae
〈現代オランダ語訳〉
Niet zo de goddeloze, niet zo: maar als stof dat de wind opwaait van de bodem van de grond (is hij).
〈日本語訳〉
悪い人々はそうではない。風が大地の表面から吹き去る埃のようである。

5. **Bethiu ne upstandunt ungenethege in urdeile, ne oh sundege in gerade rehtero.**

bethiu「それゆえ」(be-thiu からなる)、ne：否定詞「〜ない」、upstandunt「(立ち)上がる」3人称複数現在(＜up-standan)、ungeneth「悪い」男性複数主格、urdeile「(神の)裁き」中性単数与格(＜ur-deil)、oh(＜ouc)「〜もまた」ne oh でラテン語の neque に対応、sundig「罪深い」男性複数主格、gerade「集まり」中性単数与格(＜geredi)、reht「正しい」男性複数主格(「正しい人々の」の意)。

〈俗ラテン語(Vulgata)〉
ideo non resurgunt impii in iudicio neque peccatores in consilio iustorum
〈現代オランダ語訳〉
Zo staat de goddeloze niet op in het oordeel, en geen zondaar in de raad der rechtvaardigen.
〈日本語訳〉
それゆえ、悪い人々は神の裁きに耐えることができない。罪深い人々は正しい人々の集まりに出ることもできない。

6. **Uuanda uuez got uueh rehtero, in geuerthe ungenethero feruuerthan sal.**

uuanda「と言うのは」、uuez「知っている」(過去現在動詞) 3人称単数現在(＜witan, wizzan)、got「神」男性単数主格、uueh「道」男性単数対格(＜uueg)、reht「正しい」男性複数主格(「正しい人々の」の意)、in：接続詞「そして」(＝inde)、geuerthe「道」、ungeneth「悪い」男性複数属格(「悪

— 24 —

い人々の」の意)、feruuerthan「滅びる」不定詞、sal「〜であろう(3人称単数形)」未来の助動詞(<sulan)。

〈俗ラテン語(Vulgata)〉
quoniam novit Dominus viam iustorum et iter impiorum peribit
〈現代オランダ語訳〉
Want God weet (=kent) de weg der rechtvaardigen, en de weg der goddelozen zal vergaan.
〈日本語訳〉
と言うのは、神は正しい人々の道を知っておられる。そして、悪い人々の道は滅びる。

Psalm 2

1. Umbe uuath bizzedon thiede inde luide thahten idele thing!

umbe「〜をめぐって、〜に関して」+uuath「何」で「なぜ」の意、bizzedon「不平を言う」3人称複数過去(<bizzon、zzの語形は高地ドイツ語形で『詩篇』全体の初めの箇所に多い)、thiede「人々」女性複数主格(<thiat)、luide「人々」男性複数主格(<liut)、thahten「考える」3人称複数過去(<thenken)、idele「無駄な」中性複数対格(<idel)、thing「こと」中性複数対格(<thing)。なお、bizzedon thiede と luide thahten idele thing が inde(接続詞「と」)で結ばれほぼ並行的な関係にあるが、このような文体は『詩篇』によく見られるものである。

〈俗ラテン語(Vulgata)〉
Quaro fremuerunt gentus et populi meditati sunt inania
〈現代オランダ語訳〉
Waarom huichelden mensen en dachten lieden ijdele dingen!
〈日本語訳〉
なにゆえ人々は不平を言い、人々は無駄なことを考えるのか。

2. **Samenstuendon kuninga erthen in fursten samenquamen in en uuithar got inde uuithar crist sinan.**

samenstuendon「いっしょに立ち上がる」3人称複数過去（＜samen-standan）、kuninga「王」男性複数主格（＜kuning）、erthen「地球」女性単数属格（＜ertha）、in：接続詞「そして」（＝inde）、fursten「侯」男性複数主格（＜furist）、samenquamen「集まる」3人称複数過去（＜samen-cuman）、in＋en（中性単数対格、＜ein）「一つになって」、uuithar：前置詞「～に対して」、got「神」男性単数対格、inde：接続詞「そして」、crist「キリスト」男性単数対格（＜Cristus）、sinan：所有代名詞「彼の」男性単数対格。

〈俗ラテン語(Vulgata)〉
adstiterunt reges terrae et principes convenerunt in unum adversus Dominum et adversus christum eius
〈現代オランダ語訳〉
(Waarom) Stonden de koningen der aarde samen (op) en kwamen vorsten samen tegen God en tegen zijn Christus.
〈日本語訳〉
世界の王は立ち上がり、また侯は団結して神とキリストに対抗して集まる。

3. **Cebrecan uuir gebende iro. in ueruuerfon uuir fan uns ioh iro.**

cebrecan「壊す」1人称複数現在仮定法、uuir：人称代名詞「私たちが」（ドイツ語形、本来の古低フランク語形では wi となる）、gebende「足かせ」中性複数対格（＜ge-bendi）、iro：所有代名詞「彼らの」中性複数対格、in：接続詞「そして」（＝inde）、ueruuerfon「投げ去る」1人称複数現在仮定法（＜far-werpan、-f-の語形はドイツ語形）、fan：前置詞「～から」、uns：人称代名詞（1人称複数与格形「私たちに」）、ioh「くびき」中性単数対格、iro：所有代名詞「彼らの」中性単数対格。

〈俗ラテン語(Vulgata)〉
disrumpamus vincula eorum et proiciamus a nobis iugum ipsorum

〈現代オランダ語訳〉
Verbreken wij hun voetboeien. En verwerpen wij van ons hun juk.
〈日本語訳〉
私たちは彼らの足かせを壊し、彼らのくびきを自ら投げ去る。

4．**Ther buot in himelen bescoffon sal si：in got bespotten sal si.**

ther：(先行詞を含み込んだ)関係代名詞(男性単数主格)「〜するところの者は」(-r が付く語形はドイツ語形)、buot「住む」3人称単数現在(＜buon)、himelen「天」男性複数与格(＜himil)、bescoffon「嘲笑する」、sal「〜であろう(3人称単数形)」未来の助動詞(＜sulan)、si：人称代名詞(3人称複数対格形「彼らを」)、in：接続詞「そして」(＝inde)、got「神」男性単数主格、bespotten「あざける」。

〈俗ラテン語(Vulgata)〉
qui habitat in caelis inridebit eos et Dominus subsannabit eos
〈現代オランダ語訳〉
Die woont in de hemel, spotten zal (hij) met ze：en God, bespotten zal (hij) ze.
〈日本語訳〉
天に住む者は笑い、神は彼らをあざけられるであろう。

5．**Than sprecan sal ce hin in abulge sinro：in heizmuode sinro druouon sal her si.**

than「それから」、sprecan「話す」不定詞、sal「〜であろう(3人称単数形)」未来の助動詞(＜sulan)、ce：前置詞「〜へ」、hin：人称代名詞(3人称複数与格形「彼らに」)、abulge「怒り」女性単数与格、sinro：所有代名詞「彼の」女性単数与格、heizmuode「憤怒」女性単数与格(＜heiz-muodi、-z の語形はドイツ語形)、sinro 前出、druouon「混乱させる」不定詞、her：「彼が」(人称代名詞3人称単数主格形)、si：人称代名詞(3人称複数対格形「彼らを」)。

〈俗ラテン語(Vulgata)〉
tunc loquetur ad eos in ira sua in furore suo conturbabit eos
〈現代オランダ語訳〉
Dan zal (hij) ze aanspreken in zijn toorn en zijn furor, verwarren zal hij ze.
〈日本語訳〉
それから憤りをもって彼らに語り、彼は憤怒でもって彼らを混乱させられるであろう。

6．**Ik giuuisso gesazt bin kuning uan himo uuer Syon berg heilegen sinan sagende gebot sina.**

ik：人称代名詞「私が」、giuuisso「確かに」(＜ge-wisso)、gesazt「おく」過去分詞(＜setten, setzen)、bin「～である(1人称単数形)」(＜wesan)、gesazt＋binで受動の形、kuning「王(ダビデやソロモンのこと)」男性単数主格（ここでは主格補語的に「王として」）、uan：前置詞「～によって」(＜fan)、himo：人称代名詞（3人称単数与格形「彼に」)、uuer：前置詞「～の上に」(＜ouir)、Syon「シオン」、berg「山」男性単数対格、heilegen「神聖な」男性単数対格(＜heilig)、sinan：所有代名詞「彼の」男性単数対格、sagende「(私が)言う」現在分詞(＜sagen)、gebot「戒律」中性複数対格、sina：所有代名詞「彼の」中性複数対格。

〈俗ラテン語(Vulgata)〉
ego autem constitutus sum rex ab eo super Sion montem sanctum eius praedicans praecepta eius
〈現代オランダ語訳〉
Ik ben gewis gezet (als) koning door hem op zijn heilige berg Syon zeggende zijn gebod.
〈日本語訳（新共同訳）〉
私は彼によって確かに王として聖なる山シオンに遣わされた。私は彼の詔を述べる。

― 28 ―

第二章　オランダ語の歴史

7．**Got quat ce mir sun min bis thu ik hiudo gebar thik.**

　この2-7は『詩篇』の中でも有名な句、quat「言う」3人称単数過去（＜quethan）、ce：前置詞「〜へ」、mir：人称代名詞（1人称単数与格形「私に」）、sun「息子」男性単数主格、min：所有代名詞「私の」男性単数主格（-nの付いた語形はドイツ語形）、bis「〜である（2人称単数形）」（＜wesan）、thu：人称代名詞「君が」、hiudo「今日」、gebar「産む」1人称単数過去（＜ge-beran、ge-という接頭辞は完了相を表わす）、thik：人称代名詞（2人称単数対格形「君を」）。

〈俗ラテン語(Vulgata)〉
Dominus dixit ad me filius meus es tu ego hodie genui te
〈現代オランダ語訳〉
God vertelt aan mij (：) mijn zoon ben jij (,) ik heb jou vandaag gebaard.
〈日本語訳〉
神は私に言われた：「君は私の子である。今日、私は君を生んだ」。

8．**Bidde fan mir inde geuan sal thir thiede hereue thine inde heuode thine gemerke erthon.**

　bidde「要求する」2人称単数命令形（＜bidden）、fan：前置詞「〜から」、mir：人称代名詞（1人称単数与格形「私に」）、geuan「与える」不定詞、sal「〜であろう（1人称単数形）」未来の助動詞（＜sulan）、thir：人称代名詞（2人称単数与格形「君に」）、thiede「民族、国」女性複数対格（＜thiat）、hereue「遺産」中性単数対格（＜ervi、ここでは目的格補語的に「遺産として」）、thine：所有代名詞「君の」中性複数対格（この所有代名詞とこれが修飾する hereue「遺産」、heuode「所有物」との間で数の不一致が見られる）、heuode「所有物」中性単数対格（＜heuodi、ここでは目的格補語的に「所有物として」）、thine 前出、gemerke「限界、終わり」中性複数対格（＜ge-merki）、erthon「地上」女性単数属格（＜ertha）。

〈俗ラテン語(Vulgata)〉
postula a me et dabo tibi gentes hereditatem tuam et possessionem tuam terminos terrae
〈現代オランダ語訳〉
Bid (van) me en geven zal (ik) jou mensen als jouw erfdeel en als jouw bezit de uithoeken der aarde.
〈日本語訳〉
私に求めよ。私は諸民族を遺産として君に与え、地の果てまでも君の所有物として与える。

9. Gerichten saltu si in ruodun isernero： also uaz bilitheres cebrekan saltu si.

gerichten「司令する」不定詞、sal「～であろう（2人称単数形）」未来の助動詞（<sulan）、tu：人称代名詞「君が」（sal＋tuという融合形でthuがtuとなっている）、si：人称代名詞（3人称複数対格形「彼らを」）、ruodun「棒、鞭」女性単数与格（<ruoda）、isernero「鉄の」女性単数与格（<isern）、also「～のように」、uaz「容器、（精神的なものを入れる器としての）人」（-zの語形はドイツ語形、本来の古低フランク語形は-t）、bilitheres「陶器職人」男性単数属格（<bilitheri）、cebrekan「打ち壊す」不定詞、sal＋tu前出、si前出。

〈俗ラテン語(Vulgata)〉
reges eos in virga ferrea ut vas figuli confringes eos
〈現代オランダ語訳〉
Regeren zal jij ze met ijzeren roede：als vazen van pottenbakkers worden zal jij ze breken.
〈日本語訳（新共同訳）〉
君は鉄の棒で彼らを司令し、陶工の作る器のように彼らを打ち壊すであろう。

第二章　オランダ語の歴史

10．Inde nu kununga fornemot、gelierot uuerthet ir ther duomot ertha.

inde：接続詞「そして」、nu「今」、kununga「王」男性複数主格（ただしここでは呼格的用法、＜kuning）、fornemot「気づく、理解する」2人称複数命令形＜far-neman）、gelierot「教える」過去分詞（＜leren）、uuerthet「～（ら）れる」受動の助動詞（2人称複数命令形、＜werthan）、ir：人称代名詞「君たちが」、ther：関係代名詞（男性複数主格）「～するところの」（先行詞は人称代名詞「君たち」）、duomot「裁く」2人称複数（＜duomen）、ertha「地上」女性単数対格（＜ertha）．

〈俗ラテン語(Vulgata)〉
et nunc reges intellegite erudimini qui iudicatis terram
〈現代オランダ語訳〉
En nu koningen neem (jezelf) voor、geleerd werden jullie die de aarde domineren.
〈日本語訳（新共同訳）〉
さて、王たちよ、気づきなさい。地上のことを裁く君たちが悟りなさい。

11．Thienot gode in uorton：in mendilot himo bit beuungon.

thienot「仕える」2人称複数命令形（＜thienon）、gode「神」男性単数与格（got）、uorton「恐れ」女性単数与格（＜forhta）、in：接続詞「そして」（＝inde）、mendilot「喜ぶ、歓声をあげる」2人称複数命令形（＜menden）、himo：人称代名詞（3人称単数与格形「彼に」）、bit：前置詞「～をもって」（本来の語形は mit．bit という語形は南部の中部フランク語形）、beuungon「身震い」女性単数与格（＜bivunga）．

〈俗ラテン語(Vulgata)〉
servite Domino in timore et exultate ei in tremore
〈現代オランダ語訳〉
Dien God in vrees en verheug je voor hem met beving.
〈日本語訳〉
恐れをもって神に仕え、身震いして彼に歓声をあげるように。

— 31 —

12．**Biuet the lera that niuuanne gebulgan uuerthe got：in ueruuerthet fan uuege rehta.**

biuet「つかむ」2人称複数命令形（＜be-fan）、the「その」定冠詞（女性単数対格、指示代名詞ではなく後ろに名詞が続く定冠詞としては『ヴァハテンドンク詩篇』の中で唯一見出される在証例）、lera「教え」女性単数対格、that：接続詞「〜ように」（原文の nequando に対応、否定詞を伴い「〜しないように」の意）、niuuanne「決して〜ない」、gebulgan「怒る」過去分詞（＜belgan）、uuerthe「〜になる」3人称単数仮定法（＜werthan）、got「神」男性単数主格、in：接続詞「そして」（＝inde）、ueruuerthet「失せる、滅びる」2人称複数仮定法（主語は現われていないが動詞の形から「君たちが」、＜far-werthan）、fan：前置詞「〜から」、uuege「道」男性単数与格（＜uueg）、rehta「正しい」男性単数与格．

〈俗ラテン語（Vulgata）〉
apprehendite disciplinam nequando irascatur Dominus et pereatis de via iusta
〈現代オランダ語訳〉
Bevat die leer (op)dat God zeker niet verbolgen wordt：en (jullie) verwerpt van de rechte weg.
〈日本語訳〉
神が怒らないように、その教えを悟りなさい。さもないと君たちは正しい道から失せてしまうであろう。

13．**Then herbrinnot in kurturo uriste abulge sin、selige alle thie getruuunt in himo.**

then「と言うのは」、herbrinnot「燃え上がる」3人称単数（＜er-brinnan）、kurturo「短い」女性単数与格（＜kurt）、uriste「時間」女性単数与格（＜frist）、abulge「怒り」女性単数主格、sin：所有代名詞「彼の」女性単数主格、selige「幸福な」男性複数主格、alle「すべての」男性複数主格（＜al）、thie：関係代名詞（男性複数主格）「〜するところの」（先行詞は alle）、getruuunt「信じる」3人称複数（＜ge-truon）、himo：人称代名詞（3人称

— 32 —

単数与格形)。

〈俗ラテン語(Vulgata)〉
cum exarserit in brevi ira eius beati omnes qui confidunt in eo.
〈現代オランダ語訳〉
Dan ontvlamt in korte tijd zijn toorn, zalig allen die vertrouwen in hem.
〈日本語訳〉
と言うのは、彼の憤りはすみやかに燃え上がるからである。彼を信じる者はみな幸福である。

Psalm 3

1. **Druftin ciu gemanohfeldide sint thie uuizcinunt mih. manoge anastandunt uuither mih.**

   druftin「主」男性単数主格(ただしここでは呼格的用法、なお-f- は古低フランク語に特徴的で他方言では -h- となる)、ciu「なぜ」(＜ze-wiu、ze：前置詞「～へ」＋wiu：wat「何」の具格形)、gemanohfeldide「増加する」過去分詞(＜ge-manag-felden)、sint「～である(3人称複数形)」(＜wesan)、thie：(先行詞を含み込んだ)関係代名詞(男性複数主格)「～するところの者は」、uuizcinunt「苦悩させる」3人称複数(＜witinon、wizinon、後者はドイツ語形)、mih：人称代名詞(1人称単数対格形)、manoge「多くの」男性複数主格(＜manag)、anastandunt「立ち上がる」3人称複数(＜ana-standan)、uuither：前置詞「～に対して」、mih 前出。

   〈俗ラテン語(Vulgata)〉
   Domine quid multiplicati sunt qui tribulant me multi insurgunt adversus me
   〈現代オランダ語訳〉
   Heer、waarom vermenigvuldigen degenen die mij bezwaren. Menigen staan op tegen mij.
   〈日本語訳(新共同訳)〉
   主よ、私を苦悩させる者がいかに多いことでしょう。私に逆らって立ち上

がる者が多い。

2．**Manoge quethent selon minero、ne ist heil himo in gode sinemo.**

　manoge「多くの」男性複数主格（＜manag）、quethent「言う」3人称複数（＜quethen）、selon「魂」女性単数与格、minero：所有代名詞「私の」女性単数与格、ne：否定詞「～ない」、ist「～である（3人称単数形）」（＜wesan）、heil「救い」中性単数主格、himo：人称代名詞（3人称単数与格形、ラテン語の ipsi「自身に（男性単数与格）」に対応）、in：前置詞「～の中に」、gode「神」男性単数与格、sinemo：所有代名詞「彼の」男性単数与格（-emo という語尾は古低フランク語形ではなく古サクソン語形）。

〈俗ラテン語（Vulgata）〉
multi dicunt animae meae non est salus ipsi in Deo eius
〈現代オランダ語訳〉
Menige kwetteren over mijn ziel、er is geen heil voor hem in zijn God.
〈日本語訳〉
私の魂に次のように言う者が多い：「彼には神の救いがない」。

3．**Thu geuuisso druftin infangere min bistu、guolike min ubheuonde houuot min.**

　thu：人称代名詞「君が」、geuuisso「確かに」（＜ge-wisso）、druftin「主」男性単数主格（ただし呼格的用法）、infangere「保護者」男性単数主格（＜int-fangeri、以下の guolike「名声」と ubheuonde「もち上げる者」と同格）、min：所有代名詞「私の」男性単数主格、bistu＝bis「～である（2人称単数形）」（＜wesan）＋thu：人称代名詞「君が」、guolike「栄誉」女性単数主格（＜guoliki）、min：所有代名詞「私の」女性単数主格、in：接続詞「そして」（＝inde）、ubheuonde「もち上げる」現在分詞（＜up-hevan）、houuot「頭」中性単数対格（＜houvit、up-hevan の目的語）、以上の2語で「頭をもち上げる」とは「勇気を出す」の意、min：所有代名詞「私の」中性単数対格。

第二章　オランダ語の歴史

〈俗ラテン語(Vulgata)〉
tu autem Domine susceptor meus es tu gloria mea et exaltans caput meum
〈現代オランダ語訳〉
Jij gewis bent mijn ontvangende heer、mijn glorie opheffende mijn hoofd.
〈日本語訳〉
主よ、あなたは確かに私を守る人であり、私の栄誉であり、私に勇気を出させて下さる。

4. **Bit stimmon minere ce gode riep ik、in gehorda her mih fan berge heligemo sinemo.**

bit：前置詞「〜をもって」(本来の語形は mit)、stimmon「声」女性単数与格(＜stimma)、minere：所有代名詞「私の」女性単数与格、ce：前置詞「〜へ」、gode「神」男性単数与格(＜got)、riep「呼ぶ」1人称単数過去(＜ruopan)、in：接続詞「そして」(＝inde)、gehorda「聞く」3人称単数過去(＜ge-horen)、her：「彼が」(人称代名詞3人称単数主格形)、mih：人称代名詞 (1人称単数対格形「私を」)、fan：前置詞「〜から」、berge「山」男性単数与格、heligemo「神聖な」男性単数与格(＜heilig)、sinemo：所有代名詞「彼の」男性単数与格.

〈俗ラテン語(Vulgata)〉
voce mea ad Dominum clamavi et exaudivit me de monte sancto suo
〈現代オランダ語訳〉
Een beetje riep ik (naar) God met mijn stem, en hij hoorde mij van zijn heilige berg.
〈日本語訳〉
私が声をあげて神に呼びかけると、彼は聖なる山から私の言うことを聞いて下さる。

5．**Ik sclip inde besueuit uuarht in obstuont uuanda got intfink mih.**

ik：人称代名詞「私が」、sclip「眠る」1人称単数過去（＜slapan）、besueuit「寝かす」過去分詞（＜be-swebben）、uuarht「〜になる」1人称単数過去（＜werthan）、in：接続詞「そして」（＝inde）、obstuont「立ち上がる」1人称単数過去（＜up-standan）、uuanda「と言うのは」、intfink「保護する」3人称単数過去（＜int-fangan）、mih：人称代名詞（1人称単数対格形「私を」）。

〈俗ラテン語（Vulgata）〉
ego dormivi et soporatus sum et exsurrexi quia Deus suscepit me
〈現代オランダ語訳〉
Ik sliep en (diep) slapende was ik en ik stond op(,) God ontving me.
〈日本語訳〉
私は眠り、眠り込んだ。そして立ち上がった。と言うのは、神が私を保護して下さったからである。

中世オランダ語の特徴

時代が下って、中世の中期オランダ語（1170-1500頃）資料で低地諸国の最古のまとまったテクストというのは、12世紀後半のリンブルフの詩人ヘンドリック・ファン・フェルデケ（Hendrik van Veldeke）である。フェルデケの母語が今日のオランダ語とドイツ語の境目のリンブルフ方言であるがために、言語学上あるいは文学史上フェルデケがオランダ・ドイツのどちらに属するとみなすべきかで、オランダの研究者とドイツの研究者の間で常に綱引きが行われてきた。フェルデケのテクストを下記に記す。

Hendrik van Veldeke：『聖セルファース』（*Sint Servaes*）

  Hi sprack：'*ich* ben *eyn* keersten man
  ende wille、ofs *mich* God gan、
  gherne keertelike leven
  ende mijne ziele weder gheven
 5 Gode、mijnen sceppere、

第二章　オランダ語の歴史

　　die doer ons、arme sondare、
　　vander maghet waert gheboren
　　ende verloeste die waren verloren
　　doer Adams sonden.
10　Men mochte uch voele orconden
　　van Gode、woldijt *verstoen*：
　　wat hi doer ons heeft *gedoen*、
　　der coninck van *hiemelrike*.'

彼は語った：「私はキリスト教徒であり、
神がお認め下さったならば、
私はキリスト教徒としての生活をし、
私の魂を再び創造主である神に
捧げたく思います。
悔い改めたる貧しき私たちのために
聖マリアからお生まれになり、
アダムの罪のために
堕落した人々をお救いになられた。
あなたが理解する意志があれば、神について
伝え聞くことは多いであろう、
すなわち、天の王である神が
私たちのことを思ってなされたことについて。

〈リンブルフ方言の特徴〉
1．ich（「私が」1行目）、mich（「私に」2行目）のように、他のオランダ語諸方言（ic、mi となる）では見られないリンブルフ方言特有の人称代名詞が現われている。
2．よく用いられる定冠詞 die と並んで der という語形も見られる（13行目）。
3．長母音 â から派生した長母音 ô が oe と綴られる：verstoen「理解する」（11行目）、gedoen「する（過去分詞）」（12行目）。
4．長母音 ê が ie となり（hiemelrike「天国」13行目）、単母音 ee が二

重母音化し ei となる（eyn「一つの」1行目）。

このように、最も古いオランダ語のテクストはリンブルフ方言に基づいているが、後の時代の標準語（ABN）の発展にとっては、リンブルフ方言は2つの南方の方言、つまりフランドル方言とブラーバント方言ほどは重要な役割を果たさないのである。むしろ、中期オランダ語時代、記録された書きことばの資料の量で言えば、圧倒的にフランドル方言とブラーバント方言のテクストが優勢である。今日伝わっている13世紀のテクストは主にフランドル方言起源である。

『二つ目のバラ』（*Tweede Rose*）

 Vort radic hem goeder trouwen
 van allen vrouwen ofte joncfrouwen
 daer hi met wandelt of die hi kint,
 dat hi die gene die hi mint
5 ebbe altoes in sine ghedachte,
 beede bi dage ende bi nachte,
 ende prijsse ende eerse vor hem allen
 so warwert dat hem mach gevallen
 met allen wille, met alre macht.

続いて私は彼に誠実に忠告する：
彼が付き合っている、
あるいは知っている
すべての女性の中で
彼が愛している女性を
昼も夜もいつも恋しく想い、
どこででも全身全霊で
彼女のことを誉め、
他の誰よりも彼女を讃えることを。

〈フランドル方言の特徴〉
 1．他の方言で ei となるところが ee となる：beede「両方の」（6行目）

2．hの脱落：us「家」
　　3．nの前でeがiになる：bringhen「もってくる」など。

14世紀のテキストはフランドル方言とブラーバント方言との混成の傾向にあり、15世紀からは明らかにブラーバント方言が優勢である。

『聖ルトガルト』（*Sint Lutgart*）
　　Aldos quam gaende toter vrouwen
　　Lutgart, die magt van vogen konne.
　　Doe wart die welgerakde nonne
　　int herte binnen so vervroijt
5　dat si *dos* sprac：[……]

　かくして（＝修道女の依頼を受けて）由緒正しき聖ルトガルトは
　その女性（＝修道女）のもとにやって来た。
　その時その優れた女性は
　心から大いに喜んでいたので
　次のように言った、「……」。

〈ブラーバント方言の特徴〉
　1．他の方言と異なりuがoとなる：dos「次のように、こうして」（5行目）
　2．oeがueとなる：vueren「導く」
　3．oがoiとなる：doichter「娘」など。

その背景には、フランドルの諸都市、特にブルッヘとヘントの全盛期（13、14世紀）と時を同じくしてフランドル方言のテキストが優位を占めたと言うことができ、その一方でブラーバント方言が15世紀から頻繁に用いられるようになったという状況は、経済的繁栄がその頃フランドル地方の諸都市からブリュッセル・アントヴェルペンといったブラーバント地方の諸都市に移ったことに対応している。16/17世紀になるとホラント州の繁栄が目立ち始めるが、これもまた、ホラント方言のテキストが頻繁に現われることに如実に反

映されている。この時期、スペインに対する独立戦争のため南ネーデルラント(現在のベルギー)の商人たちが主にホラント州に移り、当初は南ネーデルラントの方言が書きことばとして用いられていた。南ネーデルラントからの移民のことばとホラント方言が融合し、いわば新しい口語がホラント州で形成されることとなり、この後、長い道のりを経て標準オランダ語が成立するに至るのである。

『韻文年代記』(*Rijmkroniek*)
'Volghet mi, als ghi sijt ghereet,
ic vare voren.' Ende hi leet
de strate *mit*ten tween kinden,
diene bede gader minden.

準備ができたら私に従いなさい、
私が先頭を走る。そして彼は
共に彼にとてもなついている二人の青年とともに
通りを駆け抜けて行った。

〈ホラント方言の特徴〉
1．他方言と違い e が i となる：mit「～といっしょに」（3行目）
2．ee が eu となる：zeuven「(数字の) 七」
3．cht が ft となる：after「～の後ろに」など。

近世のホラント州の諸都市は標準オランダ語の発展に貢献し、その結果として低地諸国のことばないしネーデルラント語(Nederlands)とはつまり「ホラント語」(Hollands)という考えが浸透することとなった[23]。

以下、中世から近代・現代にかけてのオランダ語の発達傾向について、その全般的な特徴をまとめる形でいくつか挙げておくと次のようである[24]。

1) 次表に見られるように、名詞に男性・女性の区別がなお残っているが、形容詞の強変化・弱変化の区別はもはや行われない。また、述語的用法の時、形容詞に語尾が付かなくなる。

第二章　オランダ語の歴史

男性

単数　　　「その良い」　　　　　　強変化名詞　　　　　弱変化名詞
　主格　die goede　　　　　　gast　　　「客」　mensche　　　「人」
　属格　des goets/goeden　　gast(e)s　　　　　　menschen
　与格　dien goeden　　　　　gaste　　　　　　　　mensche
　対格　dien goeden　　　　　gast　　　　　　　　mensche

複数
　主格　die goede　　　　　　gaste　　　　　　　　menschen
　属格　der goeder　　　　　gaste　　　　　　　　menschen
　与格　dien goeden　　　　　gasten　　　　　　　menschen
　対格　die goede　　　　　　gaste　　　　　　　　menschen

中性

単数　　　「その良い」　　　　　　強変化名詞　　　　　弱変化名詞
　主格　dat goede　　　　　　hof　　　「庭」　herte　　　「心」
　属格　des goets/goeden　　hoves　　　　　　　herten
　与格　dien goeden　　　　　hove　　　　　　　　herte
　対格　dat goede　　　　　　hof　　　　　　　　　herte

複数
　主格　die goede　　　　　　hove　　　　　　　　herten
　属格　der goeder　　　　　hove　　　　　　　　herten
　与格　dien goeden　　　　　hoven　　　　　　　herten
　対格　die goede　　　　　　hove　　　　　　　　herten

女性

単数　　　「その良い」　　　　　　強変化名詞　　　　　弱変化名詞
　主格　die goede　　　　　　daet　　　「行い」　siele　　　「魂」
　属格　der goeder　　　　　daet/dade　　　　　siele(n)
　与格　der goeder　　　　　daet/dade　　　　　siele(n)
　対格　die goede　　　　　　daet　　　　　　　　siele

—41—

複数
  主格 die goede dade   sielen
  属格 der goeder dade   sielen
  与格 dien goeden daden   sielen
  対格 die goede dade   sielen

2) 名詞の格は中世を通じ弱化の傾向にある。例えば、強変化名詞の男性・中性単数与格で語尾の -e のない語形が見られる。

 den nieuwen pot「新しい器に」

低地諸国の特に北部で主格と対格の語形上の区別がたびたびなくなる。一方、語尾変化に関し保守的な南のフランドル語は古形というイメージをもたれるようになる。また、属格の用法が「van＋名詞」にとって代わられる。

 dat goet van den grave「伯爵の所有物」

3) 名詞の複数形は、強変化名詞の場合は -e によって、また弱変化名詞の場合は -n によって作られる。但し、-s や -er など他の複数形語尾もすでに見られる。-s 語尾は、-el、-en、-er で終わる語 (duvel-s「悪魔」、teken-s「印」、clooster-s「修道院」) の外、借用語や単音節語で用いられる。

 pelgrim-s「巡礼者たち」；man-s「男たち」、wijf-s「女たち」

-s による複数形は北海ゲルマン語由来の現象と考えられるが、借用の可能性もある。なお、-er 語尾は限られた語としか結び付かない。

 kint‐kinder「子供」、ei‐eier「卵」(これらは現代語では複数化の語尾が二重になり、kind-er-en、ei-er-en となっている。)

4) 2人称の人称代名詞に関して、親称と敬称が区別される。親称は、同等の関係である時だけでなく身分が下の人に対しても使われる。敬称は、単複同形で、身分が上の人に対する場合および上流階級の間で用いられる (つまり、貴族同士、騎士同士で話す場合に使われ、もともと騎士文化から発生したと考えられる)。なお、u は与格・対格の語形しかない。

第二章　オランダ語の歴史

	1人称		2人称	
	単数	複数	単数(親称)	単数(敬称)および複数
主格	ic	wi	du	ghi
属格	mijns	onser	dijns	uwer, uw(es)
与格	mi	ons	di	u
対格	mi	ons	di	u

	3人称 単数			3人称 複数
	男性	女性	中性	
主格	hi, -i	si, -se	het, -(e)t	si, -se
属格	sijns, -(e)s	haer, -ere, -er, -re	-(e)s	haer, -ere, -er, -re
与格	hem, -em, -en	haer, -ere, -er, -re	hem, -em	hem, hen, -en
対格	hem, -ene, -ne, -en	haer, -se	het, -(e)t	hem, hen, -se

5）動詞の人称語尾が弱化したため、代名詞主語をたてる必要が生じてきた。

〈直説法　現在形〉
　　1人称単数　ic kere 「私は向く」　ic neme 「私は取る」
　　2人称単数　du keers　　　　　　du neems
　　3人称単数　hi keert　　　　　　hi neemt
　　1人称複数　wi keren　　　　　　wi nemen
　　2人称複数　ghi keert　　　　　　ghi neemt
　　3人称複数　si keren　　　　　　si nemen

〈直説法　過去形〉
　　1人称単数　ic keerde　　　　　　ic nam
　　2人称単数　du keerdes　　　　　du naems
　　3人称単数　hi keerde　　　　　　hi nam

1人称複数　wi keerden　　　　wi namen
　2人称複数　ghi keerdet　　　 ghi naemt
　3人称複数　si keerden　　　　si namen

〈接続法　現在形〉
　1人称単数　ic kere　　　　　 ic neme
　2人称単数　du keers　　　　 du neems
　3人称単数　hi kere　　　　　 hi neme
　1人称複数　wi keren　　　　 wi nemen
　2人称複数　ghi keert　　　　 ghi neemt
　3人称複数　si keren　　　　　si nemen

〈接続法　過去形〉
　1人称単数　ic keerde　　　　 ic name
　2人称単数　du keerdes　　　 du naems
　3人称単数　hi keerde　　　　 hi name
　1人称複数　wi keerden　　　　wi namen
　2人称複数　ghi keerdet　　　 ghi naemt
　3人称複数　si keerden　　　　si namen

直説法と接続法の差が小さくなり、「助動詞 mogen、moeten＋不定詞」によって書き代えられる。また、「hebben＋過去分詞」の結合による完了形が成立する。過去分詞はたいていの動詞の場合、接頭辞 g(h)e- をとるが、完了相の動詞では g(h)e- がないこともある（例：comen「来る」）。

6）語順に関しては現代オランダ語にかなり近いけれども、次に見られるように中世のオランダ語ではなおいく通りものパターンが容認されている。

　　主文：基本的に SVO であり、動詞が複合的に用いられる場合（hebben＋過去分詞など）語順が一定しない。

第二章　オランダ語の歴史

Daer heeft hi sinen vader vernomen.
「そこで彼は自分の父親に気づいた」
Ghi hebt verloren uwe trouwe.
「あなたは信用を失った」
Ic hebbe tote noch verdaget den camp.
「私は今まで決闘を引き延ばしてきた」

副文：動詞の位置は、第二位、文末、あるいはその間（第二位と文末の間）というようにさまざまな可能性がある。

[...] Ende dit doet hi
datmen sal weten verre ende bi
sine scalcheit ende sine quaethede.
「彼は人がどこにあっても自分の悪意や邪悪さに気づくようにこのことをなした」
Doe so bat heme Lanceloet
dat hi tote hem daer quame.
「その時ランスロートは自分のところへ来てくれるように彼に頼んだ」
Daer naer wart hi [= de beker] gegeven voert,
Dat hi te Roeme quam in die poert.
「その後、杯はローマの町に着くまで人の手へ手へ回された」

オランダ語：中世から近代・現代へ

　中世から新しい時代への言語の問題を観察するには、その歴史的背景として低地諸国における政治の流れを辿っておかなければならない。ブルゴーニュ公国のフィリップ善良公はネーデルラントの大部分を支配下に治めた。これがネーデルラントの最初の政治的統一である。1430年にはブラーバント地方も手中に収め、とりわけアントヴェルペンなど新興都市が繁栄した。この年、ブリュッセルはブルゴーニュ公爵の都に指定された。近くの町ルーヴァンには1425年、大学がおかれた。このようなブラーバント地方の政治的・文化的勢いはフランドル語の発達に大きな影響を与えた。14世紀末ハプスブル

ク家の領地となったネーデルラント17州は、16世紀前半チャールズ5世の治世を迎える。その所領地は、現在のオランダ・ベルギー（リエージュ州を除く）・ルクセンブルク大公国・フランス北部の大部分に当たる。チャールズ5世はこの連邦国を分立することのない全体として統治した。ハプスブルク家の支配下にあって初めて、ネーデルラントの人々は民族の独自性を意識し始めるようになり、自らの言語を「低地国の言語(Nederlands)」あるいは「低地ドイツ語(Nederduits)」と呼ぶようになる。

　印刷術の発明(15世紀末)、蘭訳聖書(16世紀前半〜;「国約聖書(Statenvertaling)」の完成は1630年代)の普及などに伴って、オランダ語で書かれたテクストの需要が高まっていく。知識人の言語であったラテン語が次第にオランダ語に地位を譲っていくという流れの中、低地諸国ではフランス語がオランダ語と競うことになった。この際にも、オランダ語が独立した言語とみなされるのに印刷術が果たした役割は大きい。すなわち、印刷術が書きことばの標準化に果たした役割は重要であった。国の中の離れた地域で同じ書物が読まれるということになれば、スペルはもちろんのこと言語の標準化の試みは実際に必要なものであった。ブラーバント地方、とりわけアントヴェルペンが1500年以後次第に低地諸国における印刷業の中心地となるにつれ、ブラーバント方言の語形が印刷物の標準となり、それは今日も未だ残っており、いわゆる「文章語」(schrijftaal)とみなされている。徐々に北部に印刷業の中心が移り北ネーデルラント語（アムステルダムなど）の要素を取り入れつつ、オランダ語は、ヨーロッパのさまざまな固有言語の発展の中、一文化言語としての地位を築いていくことになる。言語的な面ばかりでなく、ルネッサンス・宗教改革・80年戦争といった文化的・社会的要素を併せ考えてみても、15世紀の終わりをもって「中世オランダ語」時代の終末とみなすことができよう。実際、1500年頃にはまだ連続性が強く、近代オランダ語の特徴の多くが出そろったのは、16世紀に入ってかなり後のことである。これから先の時代は低地諸国においてもヨーロッパ全体の大きな激動の中で捉えられる必要がある。低地諸国の経済・社会にも大きな変化がもたらされる。17世紀にいわゆる「黄金時代」を迎え、続く18世紀はかつてないほど意識的にオランダ語の標準化に力を尽くした時代である。このように時代の動きは言語においても多種多様な形で反映されていく。

　ナポレオン失脚後のウィーン会議(1814-15)では、ネーデルラントが南北を

第二章　オランダ語の歴史

再統一し「オランダ王国」と称することが認められた。ヴィレム1世は、国民の3/4が日常語とするオランダ語を行政に用いオランダ語を公用化することで王国の結束を高めようとした。1819年ヴィレム1世は、1823年以降、西フランドル・東フランドル・アントヴェルペン・リンブルフの4州でオランダ語を唯一公用語とすることを定めた。ところが、この言語政策はフランス系貴族や役人の反感を買い、両者の対立は深まった。こうした状況の中、「フランドル運動」はオランダとフランドルに共通な標準語の確立とその公認を目指した。フランドル運動の父とされるヤン・フランス・ヴィレムス（Jan Frans Willems、1793-1846）ら統合主義者は、統一された南北ネーデルラントは歴史だけでなく言語をも共有するのだという点を強調する。フランドル運動はベルギーの中でフランドルに独自性をもたせようとするものである。1898年、オランダ語がフランス語と並んでベルギーの公用語として認められた。20世紀に入り、フランドルの行政・教育・軍隊などは再びオランダ語化されていくこととなった[25]。

　今日、オランダ語がオランダとフランドルの共通語であるという認識が確立されているとは言え、フランドル語の言語学上の特徴に関しては意見が分かれており、「フランドル語」という語を単にネーデルラント南部各地の方言の総称として用いる場合が少なくない。ベルギー側の政治動向としては、1993年の憲法改定で、フランドルとワロンの2つの自治を認める連邦国家となり、言語の面では、1963年の言語法（1992年改訂）以来ベルギー国内のオランダ語とフランス語の言語境界線が定められることとなった。そして、言語共同体としてのオランダとベルギー・フランドルの関係は、1980年「オランダ語同盟」(Nederlandse taalunie)の調印など協力促進が図られている。その一成果を挙げれば、例えば「標準オランダ語文法(ANS、Algemene Nederlandse Spraakkunst」の出版である。オランダとフランドルの言語学者の協力の産物としてこの大がかりな文法書は生まれた。同時に、「Onze Taal（私たちのことば）」協会、「Ons Erfdeel（私たちの遺産）」財団などの民間団体も積極的にオランダ文化とフランドル文化の橋渡しに協力的である。オランダとフランドルのことばをそれぞれ「オランダ語」・「フランドル語」として2つの独立した言語とみなすのは基本的に正しくない。現在、2つの地域のオランダ語の距離は徐々に縮まってきている。ドイツのドイツ語とオーストリアのドイツ語の例にもあるように、同一言語の2つの変種と見るべきである[26]。

第三章　古低フランク語文法表

　本章では第二章の中で大きく取り上げた『ヴァハテンドンク詩篇』の文法、すなわち古低フランク語の文法を記述する。音韻・形態面を中心にその全体像を提示する。

(1) 音論

1) 母音

次のような母音体系が想定される。

```
           短母音                    長母音
        前舌      後舌           前舌      後舌
 閉      i     [y    u]           î         û

         e      o                ê         ô

 開      a                        â
```

	前舌		奥舌			前舌		奥舌
狭	i	ɨ	ɯ		y	ʉ	u
半狭	ɪ		ʏ		ʏ		
	e				ø		o
		ə				ɵ	
半広	ɛ		ʌ		œ		ɔ
	æ		ɐ				
広	a		ɑ		Œ		ɒ
	非円唇				円唇		

— 48 —

第三章　古低フランク語文法表

短母音：　　　　　　　長母音：
  i [i]　：　himel　「天」　　　　î [i:]　：　gelîc　「等しい」
  e [e]　：　gevan　「与える」　　ê [e:]　：　kêron　「向ける」
  a [a]　：　dag　「日」　　　　　â [a:]　：　gân　「行く」
  o [o]　：　over　「～を越えて」　ô [o:]　：　ôga　「目」
  u [u]　：　uns　「私たち(を)」　û [u:]　：　nû　「今」
  u [y]　：　hulpa　「助力」

二重母音には次のようなものがある。

                iu

       ei　　　io　　　uo

二重母音：
  ei [ei]　：　heilig　「神聖な」
  iu [iu]　：　beriuwan　「後悔する」
  io [io]　：　diopi　「深さ」
  uo [uo]　：　fuot　「足」

2) 子音

次のような子音体系が想定される。

	両唇音	歯唇音	歯茎音	軟口蓋音	声門音
無声閉鎖音	p		t	k	
有声閉鎖音	b		d	g	
無声摩擦音	f	θ	s	x	h
有声摩擦音	v	ð	z		
鼻音	m		n		

その他に、流音 l、r、半母音 j、w がある。

参考資料：国際音声字母

		両唇音	唇歯音	歯音、歯茎音、後部歯茎音	そり舌音	硬口蓋音歯茎音	硬口蓋音	軟口蓋音	口蓋垂音	咽頭音	両唇・硬口蓋音	両唇・軟口蓋音	咽頭音	声門音
(肺臓気流機構)	鼻音	m̥ m	ɱ	n̥ n	ɳ		ɲ	ŋ	ɴ					
	破裂音	p b		t d	ʈ ɖ		c ɟ	k g	q ɢ			k͡p g͡b		ʔ
	(中線的)摩擦音	Φ β	f v	θ ð s z	ʂ ʐ	ʃ ʒ	ç ʝ	x ɣ	ʁ ʀ			ʍ	ħ ʕ	ɦ h
	(中線的)接近音		ʋ	ɹ	ɻ		j	ɰ			ɥ	w		
	側面摩擦音			ɬ ɮ										
	側面音(接近音)			l	ɭ		ʎ							
	ふるえ音			r					ʀ					
	弾き音			ɾ					ʀ					
(肺臓以外気流によ機構)	放出音	p'		t'				k'						
	入破音	ɓ		ɗ				ɠ						
	(中線的)吸着音	ʘ		ǀ ǃ	ǂ									
	側面吸着音			ǁ										

以下に用例を示す。

p [p] putte 「穴」、　　　　　　b [b] berg 「山」
t [t] tunga 「舌」、　　　　　　d [d] dag 「日」
　　　　　　　　　　　　　　　　[ð] geweldig 「強力な」
k [k] calf 「子牛」、　　　　　g [g] singen 「歌う」
f [f] lîf 「肉体」
v [v] gevan 「与える」
th [θ] werthan 「～になる」
s [s] muos 「ムース」
　[z] wesan 「～である」
h [x] noh 「まだ」
　[h] hiera 「ここ」
m [m] himel 「天」
n [n] nû 「今」
l [l] heilig 「神聖な」
r [r] werk 「作品」
j [j] jâr 「年(複数対格形)」
w [w] watar 「水」

— 50 —

第三章　古低フランク語文法表

二重子音には次のものがあるが、これらはいくぶん長めの発音となる。

	両唇音	歯茎音	軟口蓋音
無声閉鎖音	pp	tt	kk
有声閉鎖音	bb	dd	gg
無声摩擦音	ff	ss	xx

その他に、ll、rr、nn、mm がある。

(2) 形態論

1) 名詞
［強変化］
a 語幹

男性	dag「日」		英：day 独：Tag
	単数	複数	
主格	dag	daga	
属格	dagis/-es	dago	
与格	dage/-i	dagon	
対格	dag	daga	

中性	wort「語」		英：word 独：Wort
	単数	複数	
主格	wort	wort	
属格	wordis/-es	wordo	
与格	wordi/-e	wordon	
対格	wort	wort	

ja 語幹

男性	ruggi「背中」		独：Rücken
	単数	複数	
主格	ruggi/-e	rugga	
属格	ruggis/-es	ruggo	
与格	ruggi/-e	ruggon	
対格	ruggi/-e	rugga	

中性	endi「終り」		英：end 独：Ende
	単数	複数	
主格	endi/-e	endi/-e	
属格	endis/-es	endo	
与格	endi/-e	endon	
対格	endi/-e	endi/-e	

i 語幹

男性	disc「テーブル」		英：disc 独：Diskus
	単数		複数
主格	disc		diski
属格	diskis		disko
与格	diski		diskin
対格	disc		diski

女性	craft「力」		英：craft 独：Kraft
	単数		複数
主格	craft		crefte/-i
属格	crefte/-i		crefto
与格	crefte/-i		creftin/-on
対格	craft		crefte/-i

ô、ôn 語幹

女性	tunga「舌」		英：tongue 独：Zunge
	単数		複数
主格	tunga		tungon/-a
属格	tungon		tungono
与格	tungon		tungon
対格	tungon/-a		tungon/-a

u 語幹（在証されるのは単数形のみ）

男性	fritho「平和」		独：Frieden
	単数		複数
主格	fritho		
属格	frithis		
与格	frithi		
対格	fritho		

第三章　古低フランク語文法表

[弱変化]（本来の n 語幹がこれに相当する）

男性	namo「名前」	英：name 独：Name
	単数	複数
主格	namo	namon
属格	namin	namono
与格	namin/-on	namon
対格	namon	namon

中性	herta「心」	英：heart 独：Herz
	単数	複数
主格	herta	herta/-on
属格	hertin	hertono
与格	hertin	herton
対格	herta	herta/-on

er で終わる親族名称を表わす語(vader「父」、broeder「兄弟」など)、vrient「友人」、viant「敵」および man「男」は、独自の曲用をする。

男性	man「男」	英：man 独：Mann
	単数	複数
主格	man	man
属格	mannis	manno
与格	manni	mannon
対格	man	man

2) 形容詞

形容詞曲用の基本型は次の通りである。

比較級には -er、最上級には -st の語尾を添える。ただし、例外として、

　　goet「よい」 ── beter ── best
　　groot「大きい」 ── meere ── meest
　　clein「小さい」 ── minre ── minst

3）代名詞

人称代名詞

在証されない語形は空欄となっている。なお、再帰代名詞としては、2人称単数 thi、3人称 sig が見出される。

1人称

	単数	複数
主格	ic	wi/wir
属格	min	——
与格	mi	uns/unsig
対格	mi	uns/unsig

2人称

	単数	複数
主格	thu	gi
属格	thin	——
与格	thi	iu
対格	thi	iu

3人称

	単数			複数
	男性	女性	中性	
主格	he/hie	——	it	sia
属格	sin/is	iro	sin	iro
与格	imo	iro	imo	im
対格	imo	sia	it	sia

所有代名詞

	単数	複数
1人称	min	unsa
2人称	thin	iuuu
3人称	sin	sin

第三章　古低フランク語文法表

指示代名詞・関係代名詞

	単数			複数
	男性	女性	中性	
主格	thie	――	that	thia
属格	――	thero	thates	thero
与格	themo/then	thero	themo	then
対格	thana	thia	that	thia
具格	――	――	thiu	――

　上のテキスト注釈の箇所でも述べた通り、定冠詞としての用法は次の１例のみ見出される。
　　the lera　「教え」(Psalm 2：12)
　なお、具格というのは「～で」という意を表わす。

疑問代名詞 we「誰」、wad「何」

表の通り、すべての語形が在証されるわけではない。

	単数		
	男性	女性	中性
主格	uue	――	uuad
属格	――	――	――
与格	――	――	――
対格	――	――	uuad
具格	――	――	uuie

4) 動詞

人称変化
〈現在〉 「～になる」

人称	単数	複数
1	ic uuirthon	wi uuerthon/-un
2	thu uuirthis	gi uuerthet/-it
3	he uuirthit	sia uuerthunt/-ont

〈過去〉 「与える」

人称	単数	複数
1	ic gaf	wi gâuon
2	thu gâui/gêue	gi gâuet
3	he gaf	sia gâuon/-un

〈接続法・現在〉 「与える」

人称	単数	複数
1	ic geui/-e	wi geuan/-in
2	thu geues	gi geuit/-et
3	he geui/-e	sia geuan/-in/-int

〈接続法・過去〉

人称	単数	複数
1	ic gisâgi	wi ——
2	thu ——	gi ——
3	he sprêke	sia farnâmin

在証されるのはここに挙げたようないくつかの動詞(gi-sagen「言う」、sprecon「話す」、far-neman「聞き取る」)の用例のみである。

なお、命令形は、
　単数：母音交替(e/i、ie/ui)をするもの (gebuit＜gebiedan「命令する」)としないもの (behalt＜behaldan「保つ」) がある。
　複数：語尾(-et、-it、-ot)を付ける。例：sing-et(＜singan「歌う」)、cum-it(＜cuman「来る」)、fornem-ot(＜far-neman「聞き取る」)

第三章　古低フランク語文法表

強変化動詞の系列

母音交替により、過去形が単数、複数二種の語形をとる。

　　　現在　　　過去(sg)　　過去(pl)　　過去分詞
I ． î - ei/ê - i - i
　　　stigon ― steig ― stigon ― gistigon「登る」
II ． ie/û - ou/ô - u - o
　　　biedon ― bôt ― budon ― gibodon「提供する」
III． i - a - u - u
　　e - a - u - o
　　　bindon ― bant ― bundun ― gibundon「結ぶ」
　　　helpon ― halp ― hulpun ― giholpon「助ける」
IV． e - a - â - o/u
　　　beron ― bar ― bâron ― giboron「運ぶ」
V ． e - a - â - e
　　　geuon ― gaf ― gâuon ― gigeuon「与える」
VI． a - uo - uo - a
　　　faron ― fuor ― fuoron ― gifaron「行く」

第VII類は幹母音の種類に応じて（hêtan「～という名前である」、loupon「走る」、fallon「落ちる」、slâpon「眠る」、ruopon「呼ぶ」）いくつかのグループに分類される。これらはかつての重複動詞である。

低地諸国の言語事情

人称変化（弱変化動詞）

先の強変化動詞に続いて、弱変化動詞の人称変化を挙げる。

〈現在〉「住む」

人称	単数	複数
1	ic uuonon	wi uuonon
2	thu uuonos	gi uuonot
3	he uuonot	sia uuonont/-unt

〈過去〉「知らせる」

人称	単数	複数
1	ic cundida	──
2	thu cundidos	──
3	he cundida	sia cundidon

または
「働く」

人称	単数	複数
1	ic uuirkon	wi uuirkon
2	thu uuirkis	gi uuirket
3	he uuirkit	sia uuirkunt/-ont

〈接続法・現在〉「栄える」

人称	単数	複数
1	ic thiane/-i	wi thianin
2	thu ──	gi ──
3	he thiane/-i	sia thianin(t)

〈接続法・過去〉

人称	単数	複数
1	ic tholodi	uui ──
2	thu ──	gi ──
3	he befellidi	sia ──

在証されるのはここに挙げたようないくつかの動詞(tholon「許す」、befellon「倒す」)の用例のみである。

なお、命令形は、
　単数：i、e、o などの語尾で終わる。例：thenk-o（＜thenken「考える」）

— 58 —

第三章　古低フランク語文法表

複数：-it、-et、-ot の語尾が添えられる。例：geuuî-et（＜geuuîgen「祝福する」）

<u>不規則動詞</u>

現代ドイツ語の話法の助動詞(wollen を除く)に相当する動詞のグループ（→ 1）、語根に直接、語尾がつく動詞（→ 2）などがここに入る。

1）過去現在動詞
　　sulun「〜すべきである」

人称	単数	複数
1	ic sal	wi sulun
2	thu salt	gi ──
3	he sal	sia sulun

2）幹母音のない動詞
　　sîn「〜である」

人称	単数	複数
1	ic bin	uui sint
2	thu bis	gi sîs
3	he ist	sia sint

　その他、duon(独：tun)、gân(独：gehen)、stân(独：stehen)などがある。

3）その他
　　bringon「もってくる」など

人称	単数	複数
1	ic ──	uui ──
2	thu brahtos	gi ──
3	he ──	sia ──

第四章　現代オランダ語ミニ文法

現代オランダ語文法の輪郭を示すため、特に日本人読者に役立ちそうなポイントを中心に文法のエッセンスをまとめると次のようである。
［発音］
- 日本語話者にとって注意すべき発音は以下の通り：
  〈母音〉
  u［y］: Utrecht「ユトレヒト」
  ie［i:］: fiets「自転車」
  oe［u］: boek「本」
  eu［ø:］: neus「鼻」
  ui［œy］: huis「家」
  ou［ɔu］: oud「年とった」
  ei, ij［ɛi］： klein「小さい」
  〈子音〉
  j［j］: jij（イェイ）「君」
  g［ɤ］: groot（フロート）「大きい」
  ng［ŋ］: tong「舌」
  sj［ʃ］: meisje「少女」
  nj［ɲ］: oranje「オレンジ」
  sch［sx］: school（スホール）「学校」、ただし語末の -sch は［s］。
  v［f］: veel「多い」
  w［v］: wat「何」
  単語末尾の b と d は、［p］、［t］になる：ik heb［hɛp］「私はもっている」、bed［bɛt］「ベッド」

- 開音節(母音で終わる音節)では、母音（1文字綴り）は常に長く、
  　(ik) ga「(私は)行く」
  閉音節(子音で終わる音節)では、長母音の時は2文字で、短母音の時は1

文字で表記される。
  beer「熊」; pen「ペン」
- ie、oe、eu という二重母音の綴りは、いずれの音節においても変わらない。
  mier「蟻」- mie-ren（複数形）
- f/v と s/z のスペルの使い分け：当該の子音の後に母音が来れば、v、z を用いる。
  golf「波」- golven（複数形）
- 語末の -en は日常口語ではたいてい [-ə] となる。

[語形変化]

－名詞－
- 2つの性の区別（通性、中性）があり、それにより、用いる定冠詞が異なる。
  通性 de：de koning「王」、de weg「道」、de lerares「女性教師」、de vrijheid「自由」；
  中性 het：het kind「子供」、het boek「本」

- 複数定冠詞は、性を問わず de である。

- 単数名詞に対する不定冠詞は、性を問わず een である（例：een man「一人の男」）。

- 複数形は、単数形に接尾辞 -en あるいは -s を付けて作られる。
  maan > manen「月」、keuken > keukens「台所」
  不規則なものもある（例：stad — steden「都市」、ei — eieren「卵」）。

- 指小辞 -je が盛んに用いられる（例：kop-je「小カップ」）。この複数形は常に -s。

- 遠近を表わす指示詞の体系は以下のようである。

	「この」 （近い）	「あの」 （遠い）
de 名詞単数	deze	die
het 名詞単数	dit	dat
すべての複数名詞	deze	die

- 人称代名詞の体系は次のようである。非強調時には弱形が用いられる。

		主 格		目的格	
		強形	弱形	強形	弱形
単数	1人称	ik 「私」		mij	me
	2人称 （親称）	jij 「君」	je	jou	je
	3人称	hij 「彼」 zij 「彼女」 het 「それ」	ze	hem haar het	
複数	1人称	wij 「私達」	we	ons	
	2人称	jullie 「君達」		jullie	
	3人称	zij 「彼ら」	ze	hen/hun	

- 2人称・敬称 u, U「あなた」は、常に同形である。形式的文章ではよく大文字のUが用いられる。
- 再帰代名詞は、3人称で zich（単複同形）となり、その点で上表と異なる。

- 所有代名詞（所有関係を表わし名詞の前におかれる）

	単　数	複　数
1人称	mijn	ons / onze
2人称	jouw	jullie
3人称	zijn「彼の、 　　 それの」 haar「彼女の」	hun

- ons は、単数の het 名詞の際、用いられる（ons huis「私達の家」、onze

hond「私達の犬」)。
- 2人称敬称は uw, Uw である。

・関係代名詞
　先行詞が中性単数の名詞、代名詞の時は dat、それ以外は die を用いる。前置詞が必要な場合、先行詞が人間なら wie を（例えば met wie「その人と」)、それ以外は waarmee、waarvan などのように waar と前置詞の融合形を用いる（het papier waarop ik schrijf「私が書いている紙」)。

－形容詞－
・中性単数名詞以外の名詞の前におかれる時、語尾 -e をつける。
　　een goede man「善人」；een goed boek「良書」
・述語として用いられる時は無語尾である。
　　Dat is goed.「それはよい」
・比較級には -er、最上級には -st という語尾をつける。

－動詞－
・オランダ語の動詞は人称や時制によって活用する。
　〈現在形〉
　ik　　speel「私は遊ぶ」　　wij　　spelen
　jij　　speelt　　　　　　　jullie　spelen
　hij　　speelt　　　　　　　zij　　spelen
　〈過去形〉
　ik　　speelde「私は遊んだ」wij　　speelden
　jij　　speelde　　　　　　 jullie　speelden
　hij　　speelde　　　　　　 zij　　speelden
　＊動詞の語幹が、-p, -t, -k 等で終わる場合、接尾辞は、-de(n) ではなく、-te(n) となる。

動詞には不規則に変化するものが数多くある。重要な動詞が多いので、一つ一つ覚えなければならない。
　例：ik loop「私は歩く」、ik liep「私は歩いた」

　　　　ik neem「私は取る」、ik nam「私は取った」
〈完了形〉
完了形は助動詞(hebben あるいは zijn)と過去分詞で構成される(場所の移動、状態の変化等を表わす自動詞の場合、zijn が用いられる)。
例：ik heb gespeeld「私は遊んだ」、ik ben gestopt「私は立ち止まった」

〈受動態〉
受動態は、助動詞 worden と過去分詞を用いて作られる（行為者は前置詞 door によって導かれる）。
　Ik geef het boek aan mijn vriendin.「私はその本を女友達にあげる」この文を受動態にすると、
　Het boek wordt door mij aan mijn vriendin gegeven.「その本は私によって女友達に与えられる」（行為者である「私」は door を用いて表わされている）

・述部の核となる動詞は、複文の従属節で文の最後尾におかれる。
　　ik denk dat die man een boek koopt.「私は、その男の人は本を買うと思う」（dat 以下の従属節で、動詞 koopt は最後尾におかれている）
通常の単文では、動詞は文の第二位の位置である。
　　die man koopt een boek.「その男の人は本を買う」

・動詞の中には複合動詞と呼ばれるものがあり、そのうちの一部は文中で二つの成分に分かれる（例：複合動詞 mee｜gaan「いっしょに行く」の場合）。
　　ik ga met je mee.「私は君といっしょに行く」

・いくつかの動詞は特定の前置詞をとる。一つ一つ覚えるしかない。
　　Ik denk aan hem.「私は彼のことを思う」、wij wachten op haar.「私達は彼女を待つ」、Zij gelooft in hem.「彼女は彼を信用する」

・日本語と異なり、文中の主語が省略されることはない。内容上、意味をもたない場合でも、仮の主語をたてる。
　　Het regent.「雨が降っている」、Het is mooi weer.「いい天気である」

— 64 —

第二部　ベルギーの言語境界線

はじめに

　本書第一部ではオランダ語をゲルマン諸言語の融合体の中に位置づけ、その史的発達について論じた。しかし、オランダ語史にはゲルマン諸言語との関係だけでなく、もう一つの重要な課題が存在する。それはオランダ語圏南部におけるフランス語との言語境界線である。このオランダ語とフランス語との言語境界線は、西ヨーロッパにおけるゲルマン系方言が話されている諸地域とラテン系方言が話されている諸地域を分ける長い言語境界線の一部でもあり、ベルギー王国を南北に真二つに分けている。このベルギーにおける言語境界線の北側にオランダ語を話すゲルマン系フランドル人、そしてその南側にフランス語を話すラテン系ワロン人という二つの異なる民族がそれぞれ住んでいる。さらに東部の小さなドイツ語地域が加わるが、南北間の言語接触というテーマからは外れているためここでは取り上げない。言語境界線の線引きはベルギーの法律によって確定しているとはいえ、完全な境界線とは言えない。言語境界線の両側には両言語を話す人々が住んでいる。「境界線」よりも「境界地帯」と名づけた方が現実に近い。この境界地帯に住む人々に加えて、言語的に特殊な状態にある多言語首都ブリュッセル（オランダ語 Brussel・フランス語 Bruxelles）を含むと、ベルギー人のおよそ20%はこの言語境界地帯に住んでいるということになる。

言語境界線についての研究の始まり

　ベルギーの言語境界線の起源は、西ヨーロッパの歴史におけるゲルマン文化圏とラテン文化圏との交流史を探る上で重要なテーマであるが、言語境界線成立の問題は複雑な側面を持つことから、その研究史上種々の異なる説がこれまで出されてきた[1]。ベルギーの言語境界線に関する研究は19世紀に始まる。当時の研究は主にカエサルの『ガリア戦記』[2] やタキトゥスの『ゲルマニア』[3]という古代ローマ人による記述に基づいて行なわれた。しかし、これらの資料には不明確な情報が多い。

はじめに

クルツの静止説

　ゴッドフルワ・クルツ（Godefroid Kurth）は科学的方法で言語境界線を研究した先駆者の一人である。クルツはその研究を『ベルギーおよび北フランスにおける言語境界線』[4]という題名で1896年に出版された書物にまとめている。言語境界線の成立史を解明するためにクルツがこの書で研究対象として採り上げたのは地名であった。彼は特にローマの要塞（castrum）に由来するCaestre, Kaster, Kester, Chastreといった地名に注目した。クルツはこれらの地名がバヴェ（Bavay）とケルン（Köln）との間にローマ人によって建設された軍道に沿って位置しているということを確認した。この軍道が現代のベルギーの言語境界線とほぼ一致することから、ゲルマン人の侵略に備えた要塞がこの軍道に沿って連なるように存在していたと考えた。ゲルマン民族大移動はこの軍道とベルギーに存在していたいわゆる「石炭森」（La Forêt Charbonnière）のところで行き止まり、その北側が移動してきたゲルマン人の定住地となった。そしてその要塞の境界線が現在の言語境界線となり、後にほとんどその位置を変えなかったという静止説を立てた。しかし、地名研究の範囲はベルギー中部に限られ、クルツの説には限界があった。さらに、石炭森がベルギーを南北に分けていたというクルツの前提に対して、石炭森はむしろ南北方向に広がっていて、ゲルマン人とガリア人との間の地理的境界を形成していたわけではなかったことが後の研究によって証明された[5]。

ペトリの動態説

　クルツの静止説に対して、1920年代にフランツ・ペトリ（Franz Petri）を中心とする研究者たちが動態説を仮定した。ペトリはより広い範囲の地名研究および考古学的発見を視野に入れることによって、クルツが主張したよりもさらにゲルマン人が南下していたことを証明した。また、ゲルマン民族の一部族であるフランク人はロワール川（Loire）までガリアの地に進出し、支配層としてだけでなく、農民としても定住した。しかし、これらのフランク人の移民は特にベルギーの南部では総人口に対して少数派であったため、ローマ文化の優越性やキリスト教への改宗運動によってローマ化し、言語境界線が現在の位置まで少しずつ北へ移動した。ペトリはこの動きをRück-romanisierung（再ローマ化）と称した。

ペトリが地名研究の対象にしたものの一つに小川名があった。「小川」はフランク語で baki であり、ペトリはロワール川に至るまで baki で終わる小川名（例えば Roubaix, Orbay）を数多く確認し、その数はフランスとベルギーとの国境に近づくにつれて多くなっていることを指摘した。ペトリはさらに、言語境界線の南側に baki の近代の形 beke（Aubecq, Escobecque）を数多く確認し、これらの地名は、フランス語地域内部深くまでフランク人の居住地があったことを物語っているとの結論を下した[6]。

　しかし、ペトリの地名研究には史料に基づく批判的姿勢が欠けていた。地名も歴史において様々な影響によって変化していく。後の研究では、ペトリが引用しているいくつかの地名は後の時代になってから付けられたことが判明した。例えばベルギーの南部に位置している source Groesbeck という泉の名をペトリはフランク語の beke で終わる地名として分類しているが[7]、この地名が Gerard de Groesbeck という16世紀の司教の名前に由来していることが、ペトリの論文が出た翌年にジャン・ハウスト（Jean Haust）によって指摘された[8]。

フェルリンデンの歴史学的研究

　歴史学的な方法で言語境界線の研究に取り組んだシャルル・フェルリンデン（Charles Verlinden）は、地名からフランク人の居住密度や居住時期に関する情報をほとんど得ることができない、とペトリの研究方法を強く批判し、前期フランク時代についての史料をより徹底的に分析する必要があると訴えた[9]。フェルリンデンは特に人口密度に注目し、次のように考えた。ベルギーの地へ移動してきたフランク人の数は僅か数万人に過ぎず少なかったと彼は考えた。ガリア原住民の人口密度が高い南部に定住したフランク人は早い時期に原住民の文化・言語に同化した。一方、ベルギー北部は土地が豊かでなかったため、もともと人口密度が低く、ローマからの影響も小さかった。この地域に定住したフランク人は比率的に多数派を占めていたので、ここでは逆に原住民がその言語と文化をフランク人に同化させた。

　しかし、フェルリンデンの研究方法は史料に偏り、地名学や考古学の研究成果を視野に入れていなかったため、多くの批判を招いた。その後、ベルギーの北部でもローマからの影響や植民を証明するいくつかのローマの遺跡が発見され、フェルリンデンの理論に大きな打撃を与えることになった。

ヒセリンの言語学的研究

　マウリツ・ヒセリン（Maurits Gysseling）の諸報告は言語境界線における言語学的研究の地位を再び甦らせた。世界的に名声を博したヒセリンは1960年に史料に基づいた膨大な地名学的研究成果を『ベルギー・オランダ・ルクセンブルク・北フランス・西ドイツ地名学辞典』[10] にまとめた。ヒセリンの研究は近接する五ヶ国を含む広い地域を対象としているので、より包括的な解釈が可能となった。地名に関する情報はすべて一次史料にのみ基づいている。さらに、ゲルマン語やロマンス語の諸方言の音声学的変化を基に各地名を細かく年代順に配列することに成功した。

　ヒセリンはこの徹底した地名研究に基づく、言語境界線についての見解を「ゲルマン化と言語境界線」[11] という小論文にまとめ、ベルギーには紀元前2世紀にすでにゲルマン人が居住していたことを立証している。カエサルの時代にベルギー中部に定住していたアトゥアトゥキ族（Atuatuci）は、キンブリ族（Cimbri）とテウトーネス族（Teutones）という紀元前113年から101年にかけてガリアに侵略したゲルマン民族から出たものであり、守備隊としてベルギー中部に残っていたことがカエサルの『ガリア戦記』で伝えられていること、また北フランスでは紀元前2世紀にケルトの埋葬方法が北方から伝わった火葬に変わったことから、紀元前3世紀から紀元前2世紀にかけてベルギーはすでにキンブリ族とテウトーネス族の侵略によってゲルマン化の影響を強く受けていたと考えられる。この時期はちょうどゲルマン語におけるp-t-kからf-th-hへの子音変化の時期と重なる。ヒセリンはその子音変化を地名の中に追うことでゲルマン語地域拡大の様子を示す地図を作成した。また、その後の言語境界線の成立についてヒセリンは次のような説を立てた。ベルギーはその後のローマ帝国に併合され、ローマ化されたが、5世紀にフランク人の侵略があり、8世紀には言語境界ができる。この言語境界は西部と東部ではかなりはっきりしていたが、ベルギー中部ではメロヴィング王朝時代を通じて二言語混合地域が存在していた。やがて11世紀から12世紀にかけてロマンス語化の動きが起こり、それによって二言語混合地域が次第になくなり、北フランスのゲルマン語地域もロマンス語化した。

低地諸国の言語事情

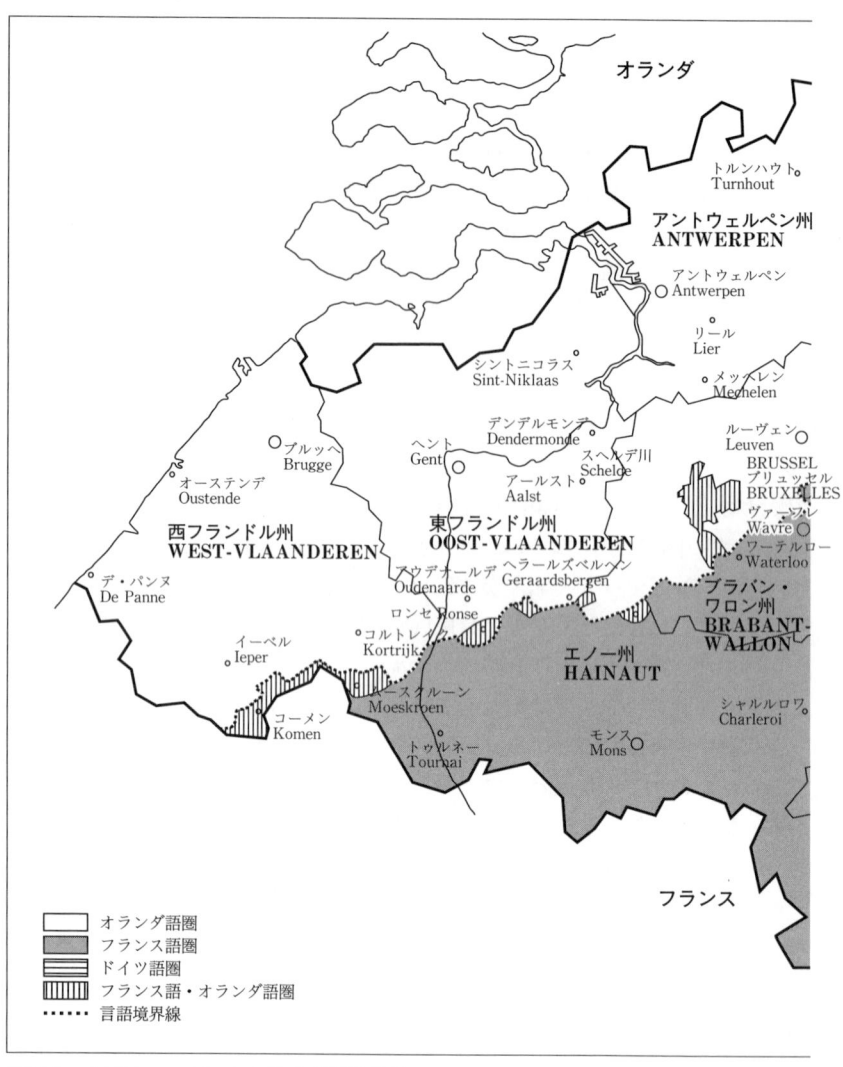

地図1　現在のベルギーにおける言語境界線

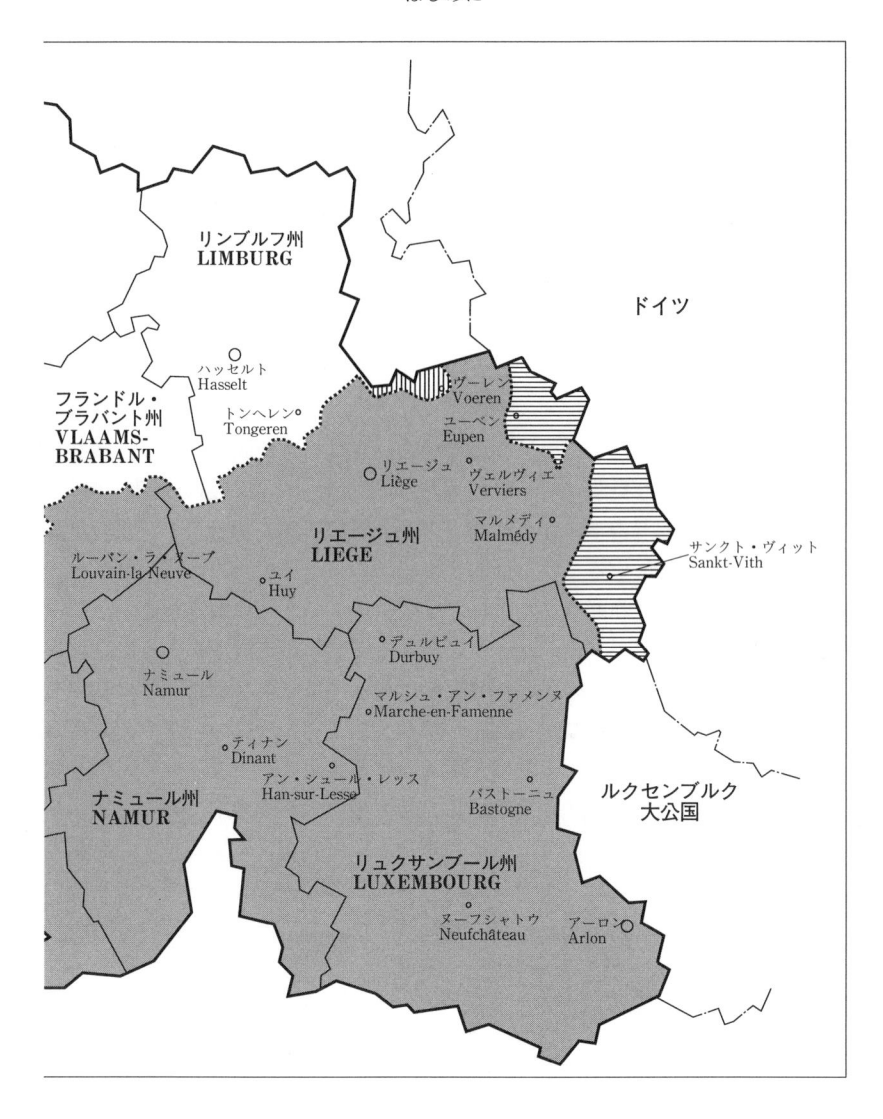

はじめに

- リンブルフ州 LIMBURG
- ハッセルト Hasselt
- トンヘレン Tongeren
- フランドル・ブラバント州 VLAAMS-BRABANT
- ヴーレン Voeren
- ユーペン Eupen
- リエージュ Liège
- ヴェルヴィエ Verviers
- ルーバン・ラ・ヌーブ Louvain-la-Neuve
- リエージュ州 LIEGE
- マルメディ Malmédy
- サンクト・ヴィット Sankt-Vith
- ユイ Huy
- デュルビュイ Durbuy
- ナミュール Namur
- マルシュ・アン・ファメンヌ Marche-en-Famenne
- ディナン Dinant
- アン・シュール・レッス Han-sur-Lesse
- バストーニュ Bastogne
- ナミュール州 NAMUR
- リュクサンブール州 LUXEMBOURG
- ルクセンブルク大公国
- ヌーフシャトウ Neufchâteau
- アーロン Arlon
- ドイツ

ミリスの社会言語学的考察

　ヒセリンの説は現代最も有力な説として認められているが、言語学以外の分野からも補足的研究が行なわれている。その中の一つの分野が社会学であるが、ルド・ミリス（Ludo Milis）は「言語境界線の現象に関する文化史学・社会学的考察」[12]という論文で地理的言語境界線の他に社会的言語境界線の存在を指摘している。特に、言語境界線の移動においては社会の上流階級による文化言語としてのフランス語の採用が重要なテーマである。

本稿の目的

　上述した通り、ベルギーの言語境界線の成立は複雑な問題であり、様々な研究分野から様々な見解が示されてきた。本稿はヒセリンの研究成果を軸に、地名学・文献学・考古学・社会言語学の各分野の研究を総合して言語境界線の成立史を明らかにすることを目的とする。

　本稿における研究範囲はベルギーおよびフランス北部に限定した。ベルギーは、フランス・ブルゴーニュ・ハプスブルグなどの支配下にあったフランドル人・ワロン人の二つの民族が共存している地域であり、1830年に独立を果たすまで統一国家ではなかった。しかし、1830年までについての記述において現在のベルギーに当たる地域を指すのに便宜上「ベルギー」の名称を使用した。地名・人名はカタカナで示し、初出箇所の括弧の中にローマ字綴りを付した。カタカナ表記については必ずしも慣用的な表記に従わず、原語の発音にできる限り近い形を採用した。一方、語形の例として挙げた地名のカタカナ表示は省いた。また、史料で確認できず推測で復元されている語形には＊印を付した。

第一章　カエサルとベルガエ人

先史時代

　紀元前3000年頃、北西ヨーロッパの一部分としての現在のベルギーの地へインド・ヨーロッパ語族が移動した。インド・ヨーロッパ語族の文化は地域的に異なった形でいくつかの段階を経て発達した。青銅器時代のヨーロッパにはいくつかの技術集合体（techno-complex）が形成されたが、ベルギーはこのうちの大西洋沿岸集合体に属していた。

　大西洋沿岸集合体の中でもさらに南北で相違があった。南部は西スペイン・西フランスを含んでいる。北部には北フランス・ベルギー北部・オランダが属し、金属製品・土器・葬式などにおいて南部と異なる特徴が見られる。ベルギー南部はこの南北の間の中間地域であった[13]。

ケルト人の到来

　紀元前8-7世紀に、ケルト人の発祥の地とされている北アルプス集合体にハルシュタット（Halstatt）文化が出現する。ケルト人は中央ヨーロッパで貿易ネットワークを築いた。ベルギーもこのネットワークとの接触があったことは、ベルギーに現存するこの時代の墓から、中央ヨーロッパで造られた銅や鉄製剣・金製輪・銅製器・馬具のような地位の象徴とされた製品が発掘されていることが示している[14]。

　紀元前5-4世紀に、同じく北アルプスでラ・テーヌ（La Tène）文化を発達させたケルト部族の一部が西ヨーロッパを中心に各方面に移動する。ベルギーにもラ・テーヌ文化の特徴を示すいくつかの要塞や居住地が確認されているが、そのうちの重要な発掘はケンメルベルフ（Kemmelberg）の要塞である。高度な技術を用いた金属製装飾品や土器が発掘されていることから、この要塞はケルトの地方貴族の居住地であったと推測される。城壁内には土器を製造していた跡がある。また金属製装飾品の存在は中央ヨーロッパとの交易があったことを示している[15]。また、ケッセルベルフ（Kesselberg）にも城

壁と居住の跡があり、そこで発掘された土器はケッメルベルフと同じ特徴をもっている。ベルギーでは同類の土器が数ヶ所で発掘されている。

エイゲンビルゼン (Eigenbilzen) で発掘された紀元前400年頃の貴族の墓からの出土品も、ベルギーにケルト人の貴族が居住していたことを証明している。遺灰が納められている、畝模様の施された銅製桶は北イタリアで造られたものであり、さらに、同じく北イタリアで造られた、動植物のモチーフで飾られている銅製水差しや金箔を施したケルト製装飾輪が発見されている[16]。

当時のケルト系各部族の分布・階級制度などについては研究されているものの、発掘データが限られているため、満足のいく研究成果はまだ上げられていない。海岸地域に位置しているドゥ・パンネ（De Panne）およびブルッヘ（Brugge）にもラ・テーヌ文化の跡をとどめる居住地跡が発見されている。この海岸地域では製塩が行われていた。戦略的な位置を占めていたケッメルベルフ要塞がドゥ・パンネやブルッヘにおける製塩を支配していた可能性がある[17]。

北ブラーバント州およびリンブルフ州のケンペン地方(Kempen)には、平均15から40アールに区画された総面積40から60ヘクタールの「ケルト人の畑」と呼ばれる農業地跡がある。リンブルフ州のハップス（Haps）などで発掘された集落地はケルト人の生活についてのイメージを与えてくれる。この集落地には紀元前400年頃から紀元前150年頃まで人々が居住していた。二重に配された柱に支えられている長方形の農家跡が二十三軒確認されている。各農家は間口が11から18メートル、奥行きが4,5から6,5メートルで、長い方の壁面両側の中央部には互いに向かい合った出入口がある。いくつかの建物跡は互いに重なり合っているので、すべての建物が同時期に使われていたわけではない。同時期に使われた農家は三・四軒だけであると推定される。また、柱の数がそれぞれ四本・六本・八本の小さな建物は倉であった[18]。

紀元前250年から100年にかけてケルト人はフランスからオーストリアまでの広い範囲にわたる各地にオピドゥム(oppidum)という、城壁に囲まれた小さな都市を建設する。城壁内では金属加工・土器製造などの手工芸が行われた。これらの都市は地中海地域とさかんに交易を行い、市場としても機能していた。しかし、ベルギーでは大きな農家や要塞が確認されているだけで、このようなオピドゥムの跡は発掘されていない。このことはベルギーがケルト文化の辺境地域であったことを示している。

第一章　カエサルとベルガエ人

地図2　ハップスにおける居住地跡の平面図（Van Doorselaer, 1981）

『ガリア戦記』に現れるベルガエ人

　ベルギー・フランス・南オランダ・南ドイツ・スイスなどのライン川より西南の地域を古代ローマ人は「ガリア」（Gallia）と呼んでいた。ローマの総督カエサル（Caesar）は紀元前58年にこのガリアを侵略し、8年間の戦い（紀元前58-51年）を経てガリア全土の征服を果たす。『ガリア戦記』(Commentarii de Bello Gallico)はこの戦いについてのカエサルによる記録であり、ベルギーに居住していた民族について初めて言及されている資料である。

　『ガリア戦記』の巻一にベルガエ人について次のように記述されている。「ガリアは全体として三つの部分に分かれていて、ベルガエ人(Belgae)、アクウィタニ人(Aquitani)、そして自らの言語ではケルタエ人(Celtae)、ラテン語ではガリア人と呼ばれている民族がそれぞれ住んでいる。これらの民族は皆互いに異なった言語・制度・法を持っている。ベルガエ人の住む地域はマトロナ川とセクアナ川に挟まれ、ガリア人の住む地域と隔てられている。ローマの属州から最も遠く離れており、商人が訪れることもごくまれな地域である。また、ライン川の向こう岸に住むゲルマン人に最も近く、これらのゲルマン人と絶えず戦争状態にある」。

　巻二にはベルガエ人の大部分がライン川を渡って移動してきたゲルマン人の子孫であると明記されている。ベルガエ人のうちコンドルシ族(Condrusi)・エブロネス族(Eburones)・カエロシ族(Caeroesi)・パエマニー族(Paemani)・セグニ族(Segni)がそれぞれゲルマン系部族であるとカエサルは明確に記している。アトゥアトゥキ族（Atuatuci）については、ゲルマン系キンブリ族(Cimbri)とテウトーネス族（Teutones）の子孫であると記されている。同じくゲルマン人について記述している古代著者タキトゥス（Tacitus）は『ゲルマニア』（De Origine et Situ Germanorum）の第28章で、ベルガエ人のネルウィイ族（Nervii）とトレヴェリ族（Treveri）が自らをゲルマン人と呼んでいることを明記している。

　『ガリア戦記』および『ゲルマニア』に記載されているこれらの情報の正確さについてベルギー言語境界線の研究者の間で多くの議論がなされてきた。これまでみてきたように、カエサルによる侵略以前のベルギーにおける考古学的発掘品はケルト文化の特徴をもつものが主である。他方、ベルガエ人部族の大部分がゲルマン起源であるという古代文献における記述はこの考古学

第一章　カエサルとベルガエ人

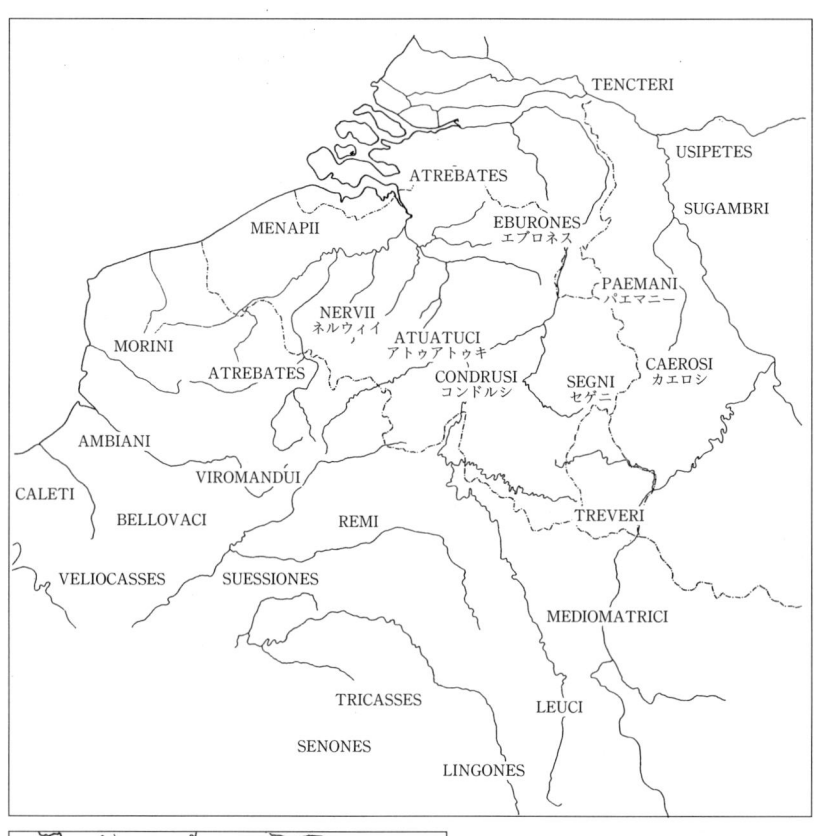

地図3　「ガリア戦記」時代のガリア（下図）およびベルギー（上図）における諸部族の配置（Van Doorselaer, 1981）

的形跡と一致しない。このため、考古学および文献学的情報を地名学の観点から検証する必要がある。

ゲルマン語化の形跡

　ケルト人の到来以前、ベルギー・オランダ・北西ドイツには特有の基層言語が存在していたと考えられる。インド・ヨーロッパ語の p はゲルマン語では f に、ケルト語では h、後に ø に変化したのに対して、この地域の基層言語は p を保守的に無変化のまま残していた。基層言語に起源をもつ無変化の子音を含む単語は現代オランダ語においても見出すことができる。例えば pink（「小指」）はインド・ヨーロッパ語の*penkwe（「五番目の［指］」）にその起源をもっている[19]。

　ケルト人の到来に伴ってガリアにケルト語の地名が出現する。ローマ時代になると、ケルト語の要素をもつ地名が多く現われる。例えば、*briga（「山」・「要塞」、現代オランダ語で berg）、*briva（「橋」、現代オランダ語で brug）、*dunon（「城壁」）、*duron（「強さ」>「要塞」）、*kondate（「合流」）、*magos（「市場」）、*novienton（「新しい村」）などがある[20]。

　しかし、この時代におけるケルト語の要素をもつ地名の北方境界線は地図上ベルギー以南すなわちフランス北部のソム川（Somme）からルクセンブルク（Luxembourg）を経てマイン川（Main）まではしり、ベルギー・オランダの地名にはケルト語化の形跡が少ない。数少ない例として、ケルト語の*duron boion（ボイイ族の要塞）に起源をもつ、ベルギー南部に位置している Durbuy（13世紀 durboiensis）の地名がある。また、ローマ時代に出現するケルト語の地名として南オランダの Nijmegen（365年頃・13世紀写本 nouiomagi「新市場」）や Batavodurum（107年頃・11世紀写本 batauoduri「バタヴィ族の要塞」）を挙げることができる[21]。

　このようにケルト語の影響を受けることが少なかったベルギーは紀元前2世紀にゲルマン語の影響を受けている。このベルギーにおけるゲルマン語化の時期はゲルマン語における p>f、t>th、k>h という子音推移の最終段階と重なっている。しかし、ベルギーの基層言語地名においては、語中に起こる子音変化が語頭に起こる子音変化に比べてかなり少ない。これは、ゲルマン語における子音変化がこの時期にすでに終局を迎えていたからであると説明する学者もあり、また、ゲルマン語化が完全ではなかったという解釈もなさ

第一章　カエサルとベルガエ人

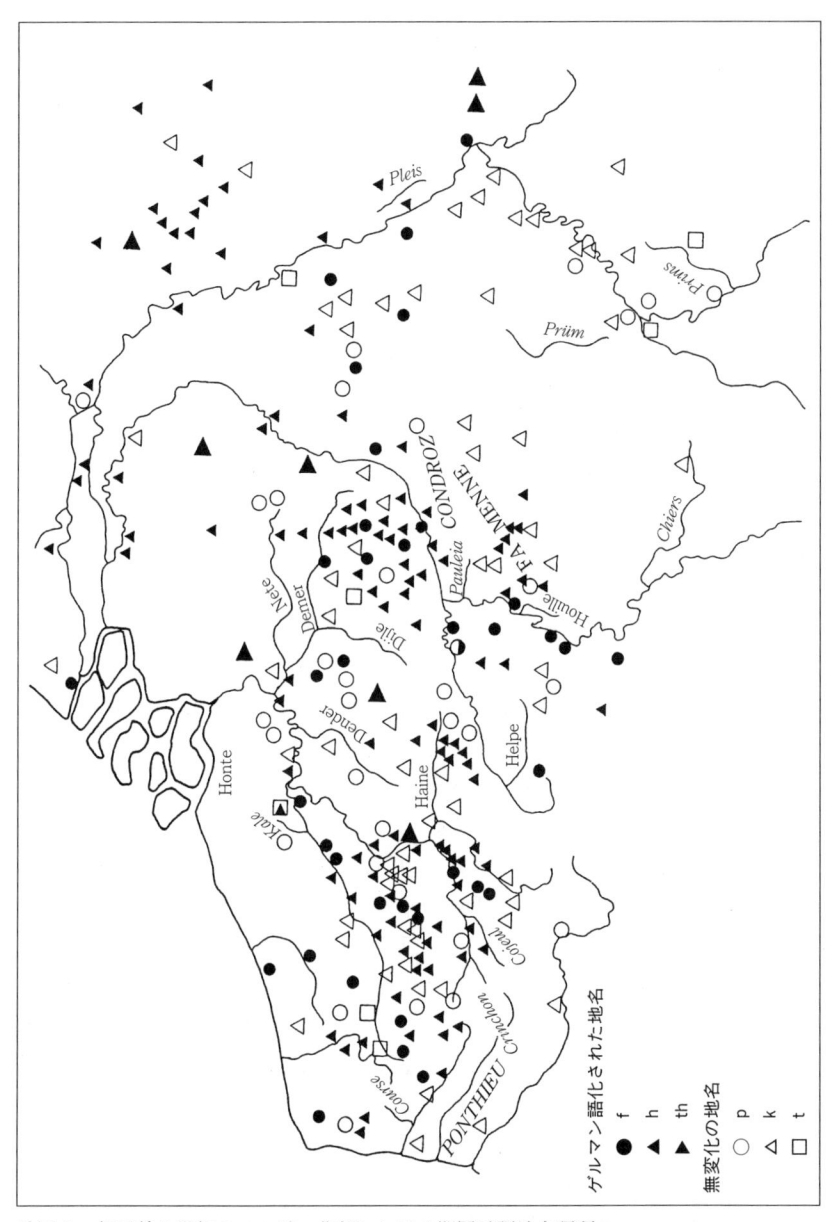

地図 4　紀元前 2 世紀のベルギー北部における期層言語地名語頭の
　　　　ゲルマン語化　p＞f, t＞th, k＞h （Gysseling, 1981）

― 79 ―

れている。いずれにせよ、すべての基層言語地名に子音変化が起こっているわけではない。基層言語に由来する地名の中には、もとの形とゲルマン語化された形とが並存するものもあった。例えば、*Kamulinion という基層言語にその起源をもつ地名として、ゲルマン語化した形 Hamblain のほかにゲルマン語の影響がみられない形 Camblin の両方が並行して用いられた。この地名はカムロス（Camulos）という神の名に由来している。この神の名は*Kamulion という地名（現在 Kemmel）にも現れる[22]。

地図4は基層言語地名の語頭にある p、t、k の子音推移を示している。地図が示す通り、地名のゲルマン語化は川に沿ってその跡をたどることができることから、この時代におけるゲルマン人の侵入者たちは主として河口からベルギーの内陸へ進んだと推測される。なお、ゲルマン語化されず無変化のまま残っている地名の数が多いことは、ゲルマン人の侵入者が原住民と共存したことを示唆している。

混合地域としてのベルギー

以上みてきたように、考古学的形跡がもっぱらケルト文化の特徴を示している一方、「ベルガエ部族の多くはゲルマンの起源をもつ」という『ガリア戦記』における記述は地名学的研究によって裏付けられている。考古学・文献学・地名学のそれぞれの分野におけるデータには相矛盾する事柄が多いために、カエサルが侵略した時期にベルギーに住んでいた部族の起源について確定的な結論を出すことは困難である。これまでこの問題について各分野から多くの異なった見解が出されてきた。以下にドゥ・ムルデル（De Mulder）およびヴァン・デュルメ（Van Durme）の学際的な推測を要約する[23]。

先史時代にインド・ヨーロッパ語を話す部族がベルギーに定住した。考古学的データが示すように、紀元前5-4世紀からこの地方はケルト文化の強い影響を受けるようになる。しかし、ケルト語化された地名はベルギーの南部に限られることから、ベルギーにおけるケルト語化は主に南部で起こり、北部では貴族階級にしか及んでいなかった。紀元前2世紀に幾つかのゲルマン部族がベルギーの北部に侵入し、原住民と共存するに至った。ゲルマンの貴族は原住民の貴族と同様にケルト文化の強い影響を受けた。カエサルが侵略した時期のベルギーは、基層言語を話す原住民、主に南部に居住するケルト部族、そして主に北部に居住するゲルマン部族の混合地域であった。

第二章　ローマ文化の影響

ローマの統治

　カエサルによるベルギー征服後、ローマ人はベルギー地方をガリア・ベルギカ（Gallia Belgica）と名づけ、いくつかのキヴィタス（civitas「地区」）に区画し、ローマ帝国の行政制度を導入し、ケンスス（census）という租税制度を確立した。さらに、ローマ人は北ガリアの反乱阻止およびブリタニア・ゲルマニアの侵略という二つの目的をもって、リヨン（Lyon）を起点とする道路網を建設した。この道路網はその目的に従って、北海およびライン川地域に向けられていた。ライン川地域に向かう道路の一つ、バヴェ（Bavay）からケルン（Köln）に至る軍道はベルギーのちょうど真中を通っていた。ローマ人は軍道に沿っていくつかの要塞を建設した。例えばバヴェ・ケルンの軍道上に位置している都市トンヘレン（Tongeren）で発掘された1世紀前半に遡る倉庫や堀・兵舎の存在は、この都市がローマ軍の要塞であったことを示している[24]。

　47年には、ローマ人はゲルマニア侵略政策を放棄し、ライン川に沿って要塞を連ねた防衛線を組織した。このため、後背地であったベルギーはローマ防衛軍のための物資供給地域として重要となった。ローマ軍の駐留および軍への物資供給のために入植したローマの植民地開拓者の居住によって、ベルギーにおけるロマンス化はガリアの中心部よりも早く進んだと思われる。要塞の他に、ローマの特徴をもつ神殿・建物・道具・芸術品等がベルギーで数多く発掘されていることは徹底したロマンス化を示している。

低地諸国の言語事情

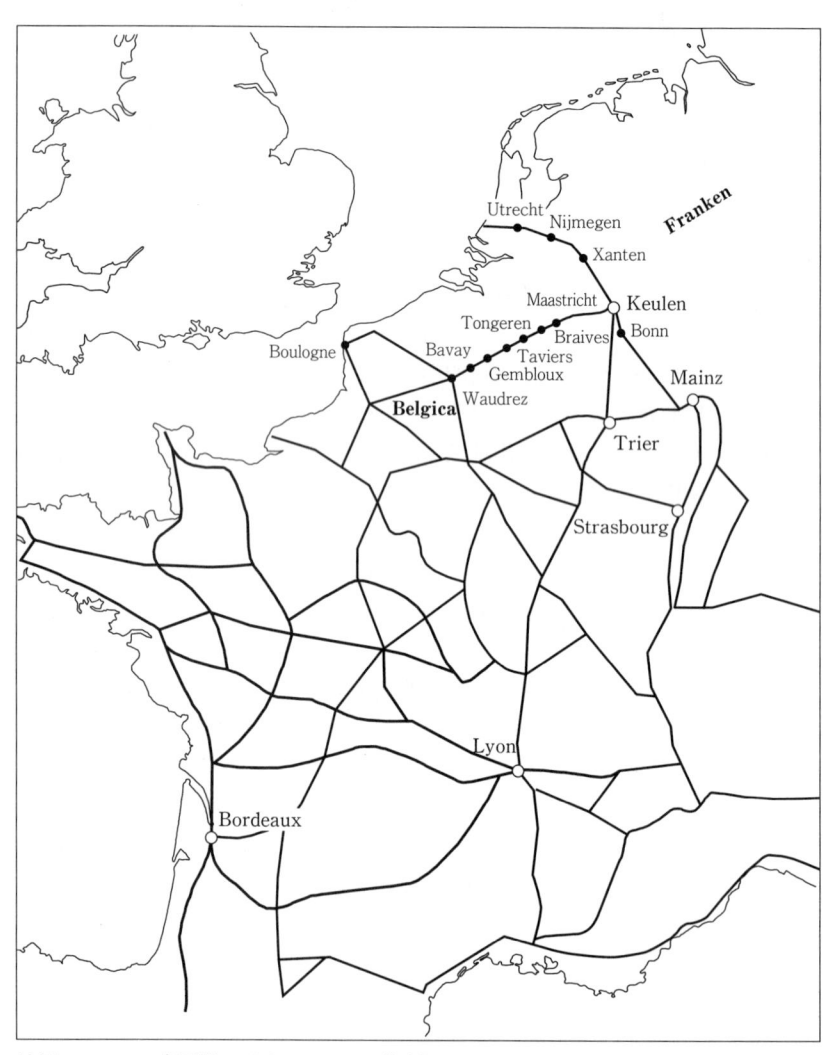

地図5 ローマ帝国期のガリアにおける道路網

第二章　ローマ文化の影響

フンドゥスの建設およびロマンス語化

　ベルギーのロマンス語化を促進した重要な要素はローマの植民地開拓者によるフンドゥス（fundus「大規模な農場」）の建設であった。ローマ人はベルギーをキヴィタスに区画し、さらに、キヴィタスをパギー（pagi「村」）に、パギーを租税の基礎単位であったフンドゥスに区分した。フンドゥスは一つの経済ユニットであり、地主の豪華な屋敷の他に農家・パン屋・醸造所・工房等々を含み、一種のミニチュア・ソサエティを形成した。フンドゥスの地主はローマの退役士官などがなっていた。ローマ人の地主の下でローマ帝国の各地域から集まった労働者・奴隷や原住民が農場の仕事に従事し、フンドゥスに定住していた。フンドゥスで共同生活をしていた様々な地域出自の人々は共通言語として地主の言語すなわちラテン語を採用していた。このようにフンドゥスはロマンス語化の強い道具となった。

　各フンドゥスに付けられた名称の典型的な形は、ローマ人がガリアから借用した接尾辞-âcum を地主の名に付けたものであった。ラテン語人名はその語末が-ius で終わるものが多く、この人名の活用語尾-us が脱落し、-âcum が直接-i に続いたので、この-âcum は早い段階に-iâcum へと発展した。当時の-iâcum 語尾をもつ地名の分布は、各地域におけるフンドゥス建設の密度を示す一つの情報源である。ローマ軍の重要な要塞都市であったバヴェ（Bavay）とトンヘレン（Tongeren）との間を結ぶ軍道に沿って位置する以下の四つのヴィクス（vicus、ガリアで「小さな町ほど大きなフンドゥス」を指す）は-iâcum 地名の普及の様子を適切に示している[25]。

1 ）Waudrez（300年頃初出・8世紀写本に uodgoriacum として記載）
2 ）Gembloux（300年頃初出・8世紀写本に geminiacum として記載）
3 ）Taviers（1070年写本に thauers として記載、ラテン語の tabernâs より由来）
4 ）Braives（300年頃初出・8世紀写本に perniciacum として記載）

　このようにベルギーの真中をはしる軍道上の四つの vicus のうち三つが-iâcum 地名である。-iâcum 地名でない Taviers もやはりラテン語にその語源を求めることができる。

低地諸国の言語事情

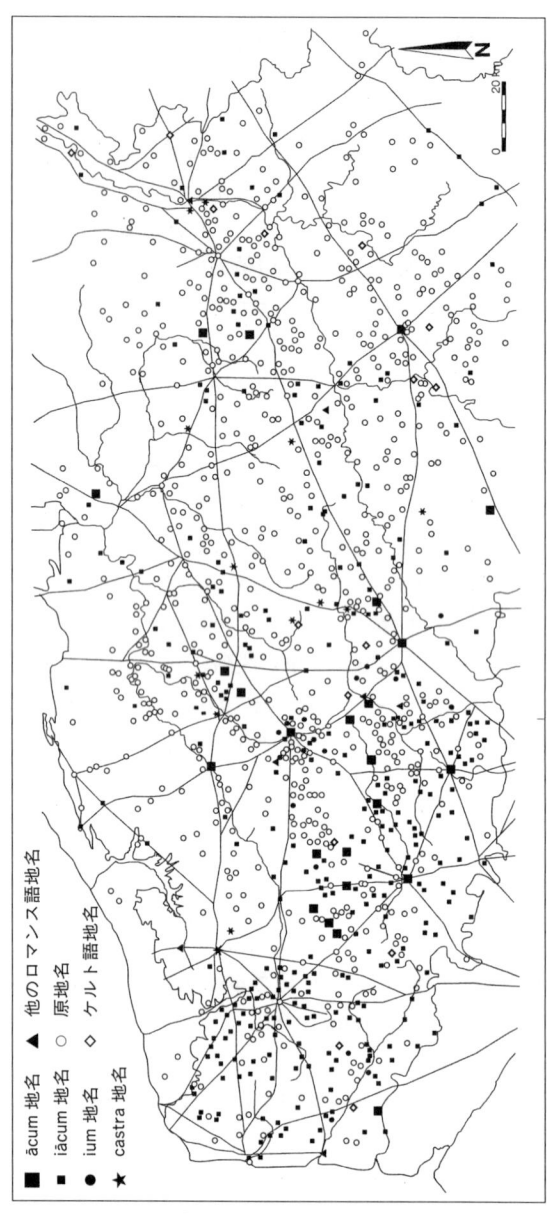

地図6 2世紀のベルギー・北フランスにおける地名分布
(Van Durme, 1995)

しかし、-iâcum 地名が必ずしもローマの軍道に沿ってのみ存在していたというわけではない。現存するローマ帝国の最も古い地図、タブラ・ペウティンゲリアーナ（Tabula Peutingeriana、4世紀・13世紀写本、National Bibliothek Wien 所蔵）におけるガリア・ベルギカの部分を見ると、ベルギー北部にも-iâcum の接尾辞をもつ地名が数多く存在していたことが分かる。

言語学者ヴァン・デュルメは-iâcum 地名などのロマンス語化された地名の分布状況を調査した。地図6はその調査結果を示している。地図中の黒い印は-âcum, -iâcum, ium などのロマンス語地名を指している。白い印は先史時代の地名やケルト語地名を指している。ベルギー北部の西南部にロマンス語化された地名が最も多い。また、ベルギー南部の東南部のアルデンヌ地方にはロマンス語化された地名が少ない。起伏の多いアルデンヌ地方はフンドゥスのような大農場の建設に適していなかったようである[26]。

このようにロマンス語地名の調査はベルギーとりわけ東西両フランドル州やブラーバント州におけるフンドゥス建設を始めとする植民地開拓によるロマンス語化を示唆している。しかし、ロマンス語地名の分布状況のみを基に各地域のロマンス語化の密度を確定することは難しい。なぜなら、ロマンス語地名の少ない現在のリンブルフ州やアルデンヌ地方でローマの遺跡が数多く発掘されているからである。

ロマンス語化の拡大

上述の通り、ローマの統治およびフンドゥスの建設などによって、原住民がロマンス語化するという結果に至った[27]。ロマンス語化された地域の拡大状況は原地名の e, i, j の前の子音 k の歯擦音化に表われている。すなわちロマンス語の影響によって、子音 k は母音 e, i, j の前で tsj への変化を経て、s へと変化する。ベルギーではこの現象が4世紀に起こっている。地図7は4世紀における地名のロマンス語化（歯擦音化）およびゲルマン語・ケルト語保持（無変化）の状況を示している。

ロマンス語化された地名はレイエ川（Leie）・スヘルデ川（Schelde）を越えて、ベルギー北部にまで及ぶが、ベルギー北部にはロマンス語とゲルマン語の混合地域が存在する。以下に4世紀のベルギー北部（ブリュッセル Brussel・ルーヴェン Leuven 周辺）におけるいくつかの地名を挙げる。

低地諸国の言語事情

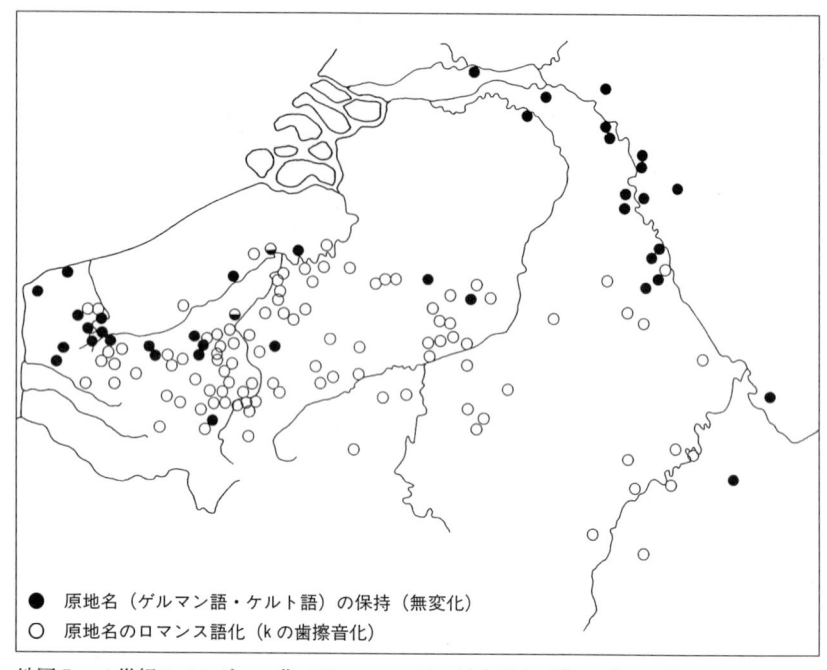

地図7　4世紀のベルギー・北フランスにおける地名分布（Gysseling, 1981）

● 原地名（ゲルマン語・ケルト語）の保持（無変化）
○ 原地名のロマンス語化（kの歯擦音化）

1）ロマンス語化された地名：　＊ Mainikinas → Mesen
　　　　　　　　　　　　　　＊ Auciaco → Ose
　　　　　　　　　　　　　　＊ Mauriciaco → Moerzeke
2）ゲルマン語のままの地名：　＊ Wakkinion → Wakken
　　　　　　　　　　　　　　＊ Kalkinion → Kalken

　北部において地名がゲルマン語のまま残ったことはこの地域におけるロマンス語化が完全ではなかったことを示しているが、北部の地名の中にもロマンス語化された地名が多いということは、ロマンス語化が上流階級だけでなく、下流階級にまで及んでいたことを意味する。これらのことから、4世紀のベルギーにおけるロマンス語化は北部にゲルマン語との混合地域を残しつつ、かなり進んでいたと言える。

第三章　フランク人の移住

フランク人

　ベルギーは2世紀もの間、パクス・ロマーナ（Pax Romana「ローマの平和」）を享受する。しかし、2世紀後半から、ゲルマン民族大移動の前兆として、サクソン人(Saxon)・フランク人(Franken)・アラマン人(Alamannen)・クアーデン人(Quaden)などのゲルマン諸部族がたびたびライン川を越えて、ローマ帝国の各地で略奪行為を繰り返すようになる。この時期ベルギーもフランク人の侵略をしばしば受けている。

　「フランク」Frankenという名称は「勇敢」・「好戦的」という意味をもち、ライン川以北の地域に住むゲルマン系の諸部族を指していた[28]。当時のフランク人は他のゲルマン諸部族と同様に定住型の農民共同社会を構成していた。フランク人の居住地は都市に集中しておらず、集落あるいは孤立した農家が各地に点在していた。各集落では有力な貴族の家が権力を握っていた。いくつかの集落群が一つの郡を形成し、郡の指導権は王家にあった。王・貴族には小部隊の兵士が従属していた。これらの兵士の軍務・忠義の報酬として贈物を与える習慣があった。また、王と貴族との間でも贈物の交換が慣習となっていた。つまり、王位・部隊を維持するために、王・貴族は地位の象徴とされる進物用の製品を絶えず必要としていた[29]。

　この必要性は、ゲルマン人が2世紀後半からローマ帝国の領土に略奪遠征を行うようになる主な原因である。ローマ帝国の高度な物質文明はフランク人に強い印象を与えたに相違ない。また、ローマ帝国の威信は侵略を試みるフランク人の戦士に勇敢さを示す機会を与えた。多くの場合、侵略はローマ帝国内の帝位をめぐる争いなどによる国境防衛の一時的な衰弱が契機となって行われた。略奪遠征の成功は連鎖反応を起こした。一人の王の成功が他の王あるいは自領の対抗者を競争に巻き込み、その結果としてローマ帝国への新たな侵略が計画される[30]。はじめは略奪を目的とする遠征が主であったが、4世紀になると、気候の悪化やフン族（Hunnen）の西方への進出が原因で、

ローマ帝国の領土内での定住を目的とする大規模な侵略も行われる。

フランク人の侵略

　ゲルマン民族大移動以前のベルギーにおけるフランク人の侵略について知るには、文献学・貨幣学・考古学という三つの学問分野の情報源がある[31]。文献学はローマ人による著述を対象としている。ローマ人は史実に基づく歴史記述の伝統をもつ。特にローマ皇帝の伝記は偏向的ではあるが、ゲルマン人の侵略について重要な情報を提供している。

　貨幣学や考古学の情報は文献学の情報を裏付け、補充する。フランク人との戦いのための軍事資金として、あるいはその戦勝の祝賀記念としてローマで発行された貨幣に刻まれている銘文はフランク人の侵略についての直接的な情報を与えてくれる。出土した埋蔵金も重要な情報源である。貨幣に刻まれたローマ皇帝の肖像画および銘文の内容から、その貨幣が埋蔵された年代の特定が可能である。埋蔵年は、その埋蔵金の中の最も新しい貨幣の鋳造年に近い年であると推測される。一定の時期に埋められたと推定される複数の埋蔵金がある特定の地域で発掘されている場合、その地域で何らかの災いが起こったため埋蔵金が埋められたままになったと考えられる。

　考古学では土器・飾り留めピン・貨幣などの発掘物から集落の居住期間および居住中断の年代を特定することが可能である。また、家屋跡に見出される焼跡は略奪を示唆する。焼跡が同じ集落内の数箇所に現われ、その焼跡の年代が集落の居住中断の年代と重なる場合、その集落の居住がフランク人の略奪行為によって中断された可能性が高い。

　ベルギーはすでに2世紀にフランク人の侵略に直面せざるを得なかった。マインツ（Mainz）に駐在していたローマ軍の総督であったディディウス・ユリアーヌスについての伝記（Vita Didii Iuliani）には、フランク人とされるシャウケン部族（Chauken）が172-174年にベルギーに侵略したことについて語られている。ユリアーヌスは急遽募集した援軍によりこのシャウケン部族を撃退した。

　貨幣学・考古学的情報によってこの早い時期における侵略の事実は裏付けられる。ベルギーの西部およびフランス北部において、埋蔵された年代を160-174年の間と特定できる複数の埋蔵金が発掘されている。エノー州のリベルシー（Liberchies）で発掘された埋蔵金はその代表であり、この埋蔵された貨

幣のうち最も新しいものは166年に発行されている[32]。また、アラス(Arras)・テルワーン(Terwaan)・バヴェ(Bavay)などの多くの集落跡で同時期のものであると断定される焼跡の層が確認されている。

　三つの学問分野の情報を総合すると、250-260年代にもフランク人がライン川を何度も越えてガリアを略奪していることが分かる。貨幣学・考古学的情報は、このフランク人の侵略が大きな被害をもたらしたことを物語っている。一方、ヴィクトリヌス(Victorinus)の統治(269-271年)下では、フランク人の侵略についての痕跡が皆無である。この時期にローマ軍が国境の侵害を防ぐのに一時的に成功したのかもしれない。しかし、275年にはかなりの人数のフランク人がライン川を越えている。ローマのテクストによると、プローブス皇帝(Probus)は大軍を率いてゲルマン人に占領されたガリアの地に向かい、数々の戦いの末、ゲルマン人から60都市を奪回したと伝えられている。プローブス皇帝の成功にもかかわらず、この侵略はガリア全土に大きな被害をもたらした。274-275年に埋められたと考えられる埋蔵金はガリアで238ヶ所も発掘されている[33]。これに対して、ベルギー北部ではこの時期のものとされる埋蔵金の発掘箇所はやや少ないが、多くの集落が被害を受けている。トンヘレン(Tongeren)というローマの要塞都市の城壁には275年前後のものと特定される焼跡が残っている。リンブルフ州・アントウェルペン州・東フランドル州などにおけるフンドゥスの多くは3世紀末にその居住が中断していたことも確認されている。また、西フランドル州の海岸地域ではこの時期に居住の中断が著しい。一方、ベルギー南部でも多くのフンドゥスが損害を受けているが、ベルギー北部にみられるほど著しい居住の中断はない。これらの情報は、275年におけるフランク人の侵略が特にベルギー北部で破壊的かつ大規模なものであったことを示している。

人口密度の減少

　3世紀後半のベルギーにおける集落での居住の中断が考古学的情報をもとに確認されていることについては上で言及した。また、その集落で居住の中断を示す発掘物の他、数箇所にわたって焼跡が発見される場合、その中断はフランク人の侵略の結果である可能性が高いことについても述べた。しかし、居住跡に関する情報の解釈は容易ではなく、ある地域の居住が絶えた原因がフランク人の侵略にあると立証することは実に困難である。土地の瘦地化な

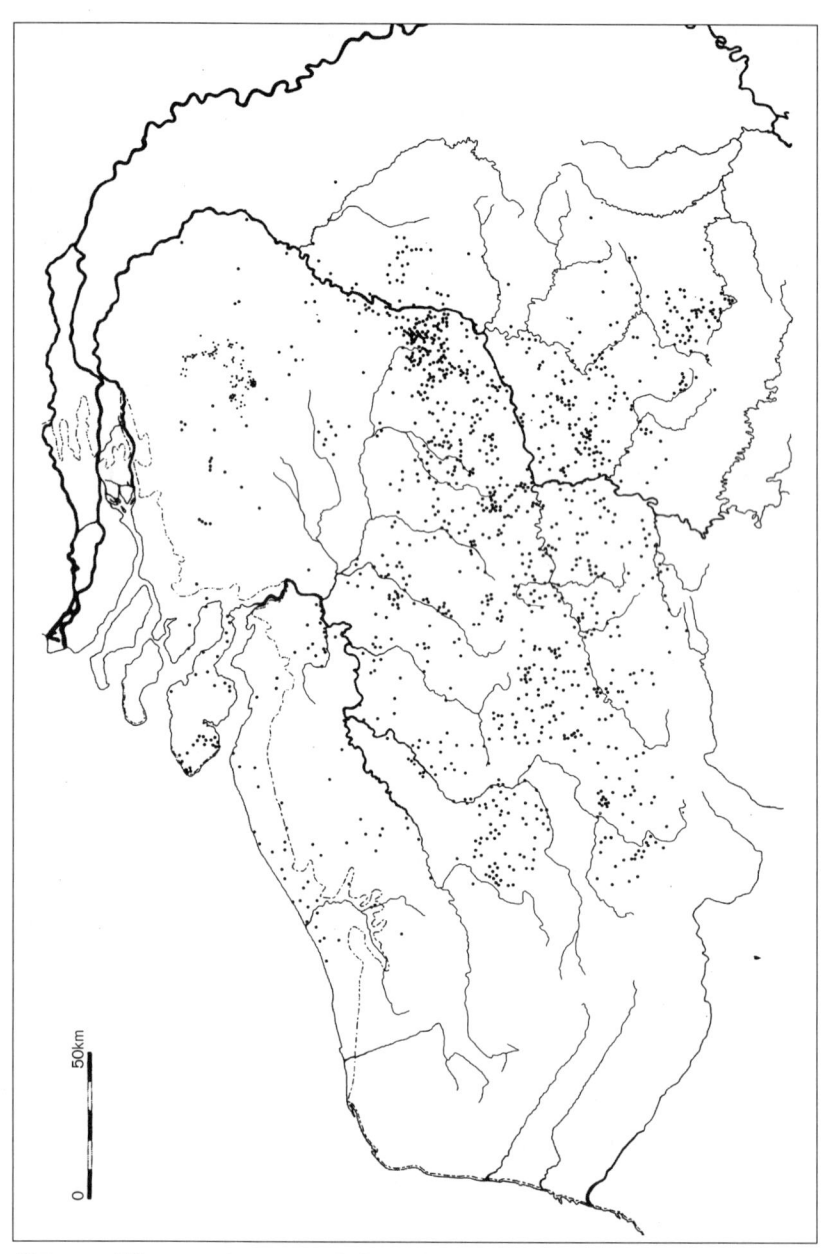

地図8　2世紀のベルギーにおける集落の分布（Brulet, 1990）

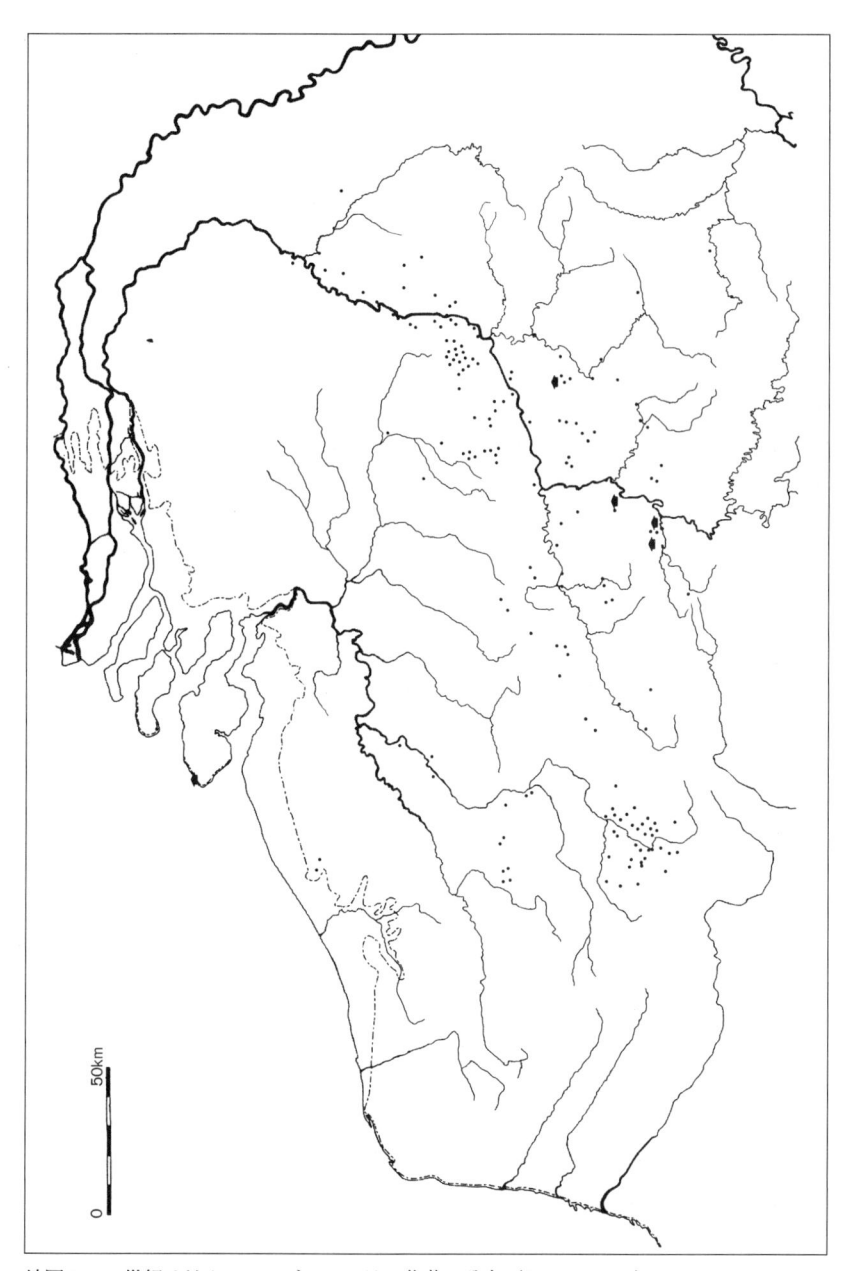

第三章　フランク人の移住

地図9　4世紀はじめのベルギーにおける集落の分布（Brulet, 1990）

どのような理由も係わっているのかもしれない[34]。また、ベルギー北部の場合、3-4世紀に起こった北海の海進も人口の減少を引き起こした一つの原因である。

　原因については明確な解答が欠けているとしても、ベルギー北部の人口が3世紀後半から減少していることは事実である。地図8-9は、ブリュレ（Brulet）が調査した、ベルギーにおけるローマ帝国時代の中期（地図8）および後期（地図9）の人口密度を示している[35]。両地図を比較すると、ベルギー南部・北部で共に人口が減少しているが、南部は後期においてもまだ居住が継続しているのに対して、北部は中期にかなりの人口密度があったにもかかわらず、後期になって無人地帯と化していることが分かる。フランク人がその侵略に際し、略奪行為に限らず、この無人地帯への移住をも試みたことについては下で詳説する。

新しい防衛組織

　考古学・貨幣学的情報が示す通り、275年の大侵略以降もベルギーで混乱が続くが、3世紀末にディオクレティアーヌス（Diocletianus）・マキシミアーヌス（Maximianus）両皇帝（286-305）およびコンスタンティヌス皇帝（Constantinus, 306-337）が行なった行政・防衛改革は北ガリアの政治・軍事的不安定にようやく終止符を打った。コンスタンティヌス皇帝は北ガリアの国境防衛に特に注意を払った。帝国内の奥深くにまで及んだフランク人による度重なる国境防衛線の突破は、ローマ軍の一元的防衛組織の脆弱さを露呈した。すなわち、フランク人は防衛線の突破に一度成功しさえすれば、後は無防備状態の背部地で障害なく行動することができた。この事態に対処するため、コンスタンティヌス皇帝は国境付近だけでなく内陸に及ぶより多元的防衛を考えた[36]。

　コンスタンティヌスはまず、カイク（Cuyk）・クサンテン（Xanten）・ヘレップ（Gellep）・ケルン（Köln）などの要塞を修繕あるいは新設することによって、ライン川に沿った国境防衛線を復活させた。また、内陸部の防衛としてライン川地域に向かう軍道を保護した。中でもバヴェからケルンまでの軍道は特に重視された。バヴェ・ケルン間の軍道に沿ってバヴェ（Bavay）・ジヴリ（Givry）・モルランウェルツ（Morlanwelz）・リベルシー（Liberchies）・コルティルヌアールモン（Cortil-Noirmont）・タビエー（Taviers）・ブレー

第三章　フランク人の移住

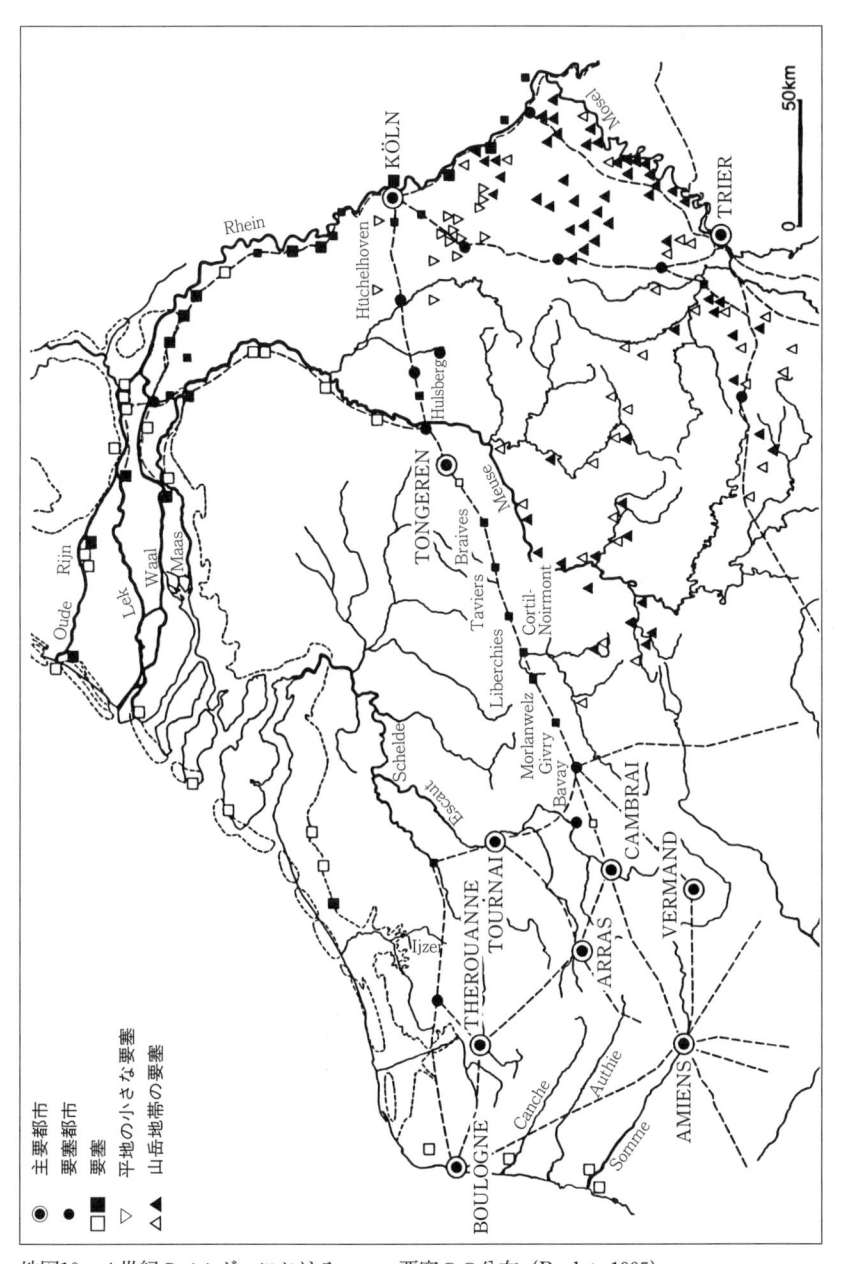

地図10　4世紀のベルギーにおけるローマ要塞のの分布（Brulet, 1995）

ブ（Braives）・トンヘレン（Tongeren）・フルスベルグ（Hulsberg）・ヒュヘルホーヘン（Hüchelhoven）・ケルン（Köln）などの要塞が16-17キロという一定の間隔で設置されたことが考古学調査により明らかにされている[37]。このバヴェ・ケルン軍道より南に位置するアルデンヌ地方の山岳地帯に点在していた要塞群が南部のさらなる防衛地帯として拡がっていた。つまり、フランク人がたとえ国境防衛線を突破したとしても、南方に進入するにつれローマ軍の要塞に衝突することになると考えられていた。

一方、国境の西方すなわちベルギー北部は前述の通り無人地帯となっていた。この地域はこのためか、ローマ軍の防衛対象から外されていた。それゆえフランク人はライン川を越えた時点で障害なく西方へ進むことができた。しかし、さらに西方へ進むと、ローマ軍の艦隊が駐屯していたブーローニュ港（Boulogne）とバヴェとを結ぶ複数の防衛された軍道に衝突することになっていた。

ベルギー北部におけるフランク人の存在

3世紀後半よりローマ人は労働人口を増やすためにゲルマン人捕虜をガリアに移送していた。また、ローマ軍の兵隊の数を補充するために、ゲルマン人の徴兵も盛んに行なわれた。しかし、このような形でローマ帝国内に定住するようになったゲルマン人は自らの文化環境から離脱され早い段階でロマンス化したので、言語境界線の成立には大きな影響を及ぼさなかったと思われる。

一方、無人地帯と化していたベルギー北部にたびたび侵入し、移住を試みていたフランク人やサクソン人は自らの言語・文化を容易に現地のそれと同化させないまた別の移住グループであった。361年にユリアーヌス皇帝（Julianus, 360-363）がコンスタンティヌスⅡ世と戦うために、ガリアに駐屯していたローマ軍の大部分を東方に移すと、ガリアはフランク人による侵入の新たな波にのまれた。ユリアーヌス皇帝の後継者ヴァレンティニアーヌスⅠ世（Valentinianus, 364-375）はガリアに到着すると、フランク人を退去させることができないと悟ったらしく、彼らにフォイデラーティ（foederati「同盟者」）の身分を与えた[38]。フォイデラーティの地位を得たフランク人は無人地帯に居住する許可を得る代わりにその地の防衛に協力することを約束した。

ローマのテクストに現われるこれらの情報は考古学的研究によって確証さ

第三章　フランク人の移住

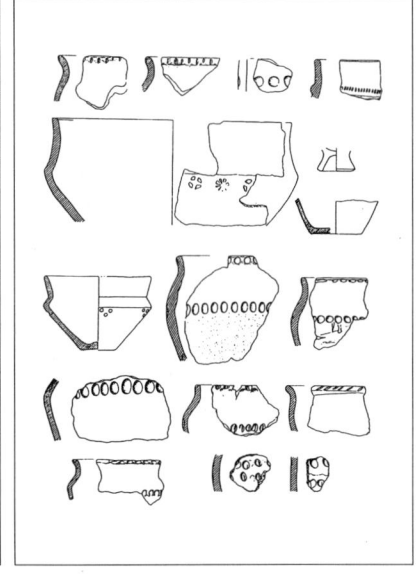

地図11a　ネールハーレン・レケムで発掘された4世紀のフランク人の集落（De Boe, 1985）

地図11b　ドンクで発掘されたゲルマン製土器（De Paepe, 1991）

れている。ベルギー北部にはゲルマン的特徴をもついくつかの住居跡が発掘されている。リンブルフ州マース川近くのネールハーレン・レケム（Neerharen-Rekem）の住居跡はその代表的な例である。二軒の木造家屋跡のほかに二十九軒の小さな竪穴式家屋の跡が確認されている。これらの竪穴式家屋の構造は、底部に柱が建てられ、その上に切り妻屋根がふかれたもので、食糧の貯蔵所・織物工房・鍛冶屋など様々な目的で使用された。二軒の家屋の内、一軒は長さ10メートル・幅7メートルであり、もう一軒は長さ29メートル、幅8メートルである。後者の家屋の構造は、住居として使用された二つの廊下状部分および同じく廊下状に三つの部分に分かれた馬小屋から成る。この構造はローマ的特徴を欠き、北オランダ・北ドイツで発掘されている同時代の建物の構造に類似している[39]。

　この住居跡で発掘されている手製土器の形と装飾は同時代のローマ製土器との共通点が少なく、北オランダ・北ドイツ製土器との類似点が多い。また、

マント用留め針などの女性用装身具もゲルマン製の典型である。

　ネールハーレン・レケムより南に位置するドンク（Donk）でも同様の構造をもつ家屋や同じ特徴をもつ土器が発掘されている。また、岩石構造学的分析によって、これらの土器は北オランダ・北ドイツにしか存在しない成分を含んでいることが判明した[40]。以上の考古学的情報から、ネールハーレン・レケムやドンクの住民たちは北オランダ・北ドイツの出身であったことが推測される。

　370-380年までに成立したこのようなゲルマン的特徴をもつ集落はスヘルデ川流域（Asper「アスペル」やSint-Martens-Latem「シント・マルテンス・ラーテム」）[41]・海岸地帯（Oudenburg「アウデンブルグ」要塞周辺）[42]などでも確認されている。また、これらの集落で発掘されている軍用ベルトの装飾品具やゲルマン人の墓に添えられたローマ製の武器は、ローマのテクストに記述されている通り、これらの集落の人々がこの地域の防衛を担当していたことを示唆する。

(むすび)

　ベルギー北部はフランク人の侵略や気候的原因によって3世紀後半より無人地帯と化していた。フランク人はたびたびライン川を越え、ガリアを侵略すると、バヴェ・ケルン軍道の防衛線に衝突するまでこの地域で障害なく行動することができた。ローマ人によるバヴェ・ケルン間の防衛線建設はすなわちベルギー北部の放棄を意味した。さらに、この地域へのフランク人の移住を防ぐことが不可能だと悟ったローマ人は、フランク人の移住者を同盟者として迎えた。このように考古学的調査にも裏付けられている通り、ゲルマン民族大移動以前にフランク人の小さなグループがベルギー北部に定住し始めた。

第四章　ゲルマン民族大移動とゲルマン語化

ゲルマン民族大移動

　ゴート人(Goten)によるイタリアへの侵略を阻止するため、ライン川の防衛線に駐屯していたローマ軍は405年にイタリアへ呼び戻される。ライン川の防衛はフォイデラーティのフランク人およびアラマン人にまかされた。これらのフォイデラーティはブルグント人(Burgunden)・スエーヴェン人(Sueven)・ヴァンダル人（Vandalen)・アラン人（Alanen）などのライン川より北東に住むゲルマン部族が406年の大晦日に一斉にガリアに侵略することを防げなかったが、これらの侵略者が北西に向かうことを阻止するのには成功し、自らの居住しているベルギー北部を保護した。一方、ガリアの他の地域はゲルマン人侵略者の荒波にのみこまれた。コンスタンティヌスⅢ世はブリタニアに駐屯していた軍隊を率いてガリアに遠征した。シント・ヤンス・モーレンベーク（Sint-Jans-Molenbeek)・スアルレー（Suarlée)・ヴィエウヴィル(Vieuxville)における軍人の墓や数箇所で発掘されている埋蔵金[43]は、これらの地域で起こった激烈な戦いを示唆しているが、以後ローマ人がガリアの状況を再び掌握するには至らなかった。

　この混乱においてフランク人がどのような行動を取ったかについては不明な点が多いが、フランク人が413年、420年、428年にひきつづきローマ人の味方としてゲルマン人に対して戦ったということがローマのテクストに記述されている[44]。ゲルマン民族大移動の際、ライン川の北方に住んでいたフランク人もまたライン川を越え、4世紀後半に始まったフランク人によるベルギー北部およびフランス北部の植民が完了した。

　フランク諸部族の間で結ばれた同盟において指導的地位を占めたのはサリ族(Sali)であった。5世紀前半のフランク王の中で唯一我々がその名を知るのはサリ族の王クローディオ(Chlodio)である。クローディオの活動についてはトゥールのグレゴーリウス（Gregorius van Tours, 538-594）が「フランク人の歴史」(Historia Francorum)で細かく記述している。クローディ

低地諸国の言語事情

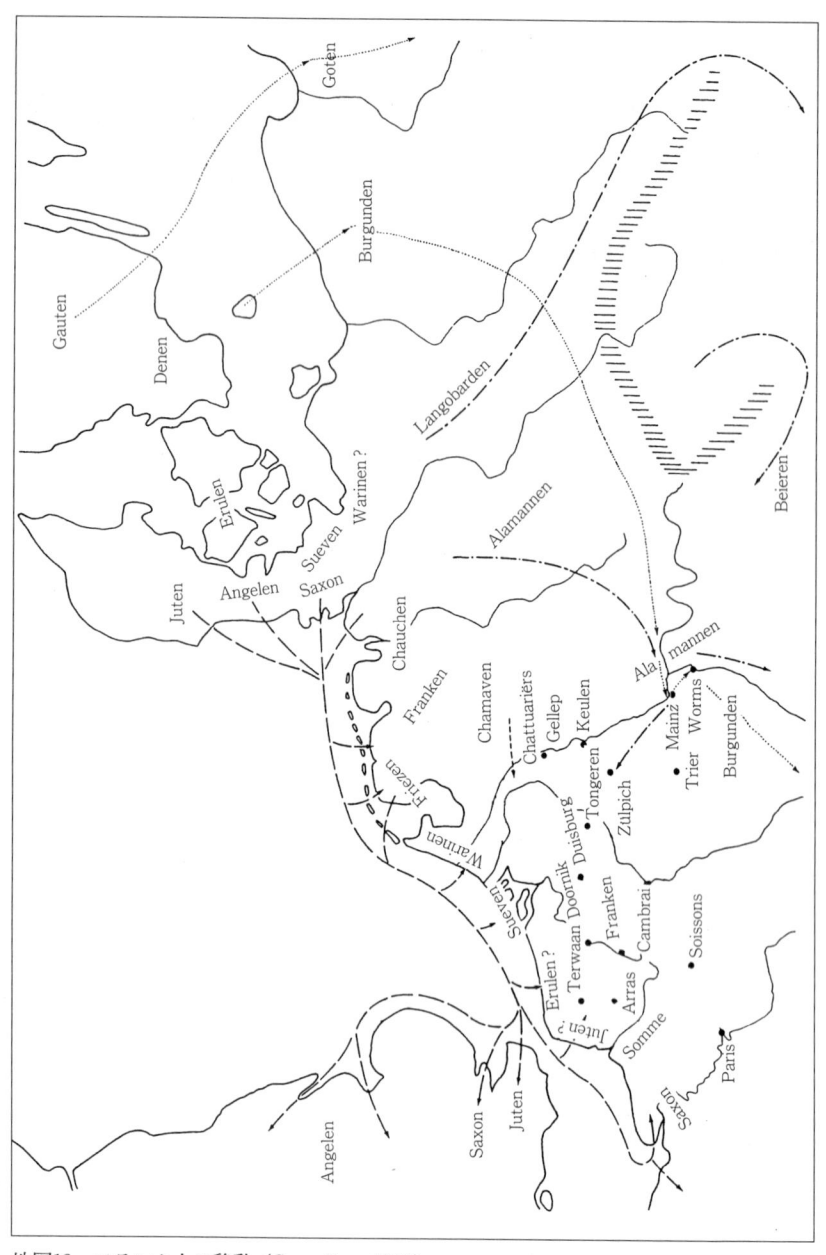

地図12　フランク人の移動（Gysseling, 1981）

第四章　ゲルマン民族大移動とゲルマン語化

オはメロヴェク（Merovech）すなわちメロヴィング朝の先祖である、とグレゴーリウスは書いている。クローディオの居住地については次の通りに記している。「彼はトゥリンギの境にあるディスパルフム城に居住していた」(castrum Dispargum ... in terminum Thuringorum) [45]。terminum Thuringorum は terminum Tungrorum の誤写であるとされている [46]。terminum Tungrorum は「トンヘレン（Tongeren）のキヴィタス」（現在のリンブルフ州）である。「ディスパルフム」は現在のフランドル・ブラーバント州のダイスブルフ（Duisburg）とされる。ダイスブルフはクローディオが率いるサリ族の本拠地であり、ここからゲルマン人や他のフランク部族と戦い、次第に領土を拡大していったと考えられる。

さらに、グレゴーリウスによると、クローディオはローマ軍を破って、フランス北部に位置するカンブレ（Cambrai）を征服し、ソム川（Somme）に至るまでの地域を占領した。また、450年にアラス地区（Arras）にも侵略している。ローマ皇帝の在ガリア代理はこれらの征服された地域の管理を後にクローディオに委任している [47]。

メロヴェクについては、キルドリック（Childerik）の父であるという情報しか伝わっていない。キルドリックは先祖と同様にローマ人の同盟者であり、ローマ軍側について463年にオルレアン（Orléans）でゴート人（Goten）を破り、469年にアンジェ（Angers）でサクソン人（Saxon）と戦い、また470年にアラン人（Alanen）と戦争をしている。当時のレイムス（Reims）の司教であったレミギウス（Remigius）からキルドリックの子であるクローヴィス（Clovis）に宛てた書簡には、キルドリックの地位および領土について次の通り間接的に記述されている。「君がベルギカ・セクンダの統治を引き継いだという明確な通知を我々は受けた。これは新しいことではない。君の両親が常に占めていた地位を今君が占め始めている」[48]。この書簡の内容をみると、キルドリックはローマ人が建立したベルギカ・セクンダ州の統治を行なっていたということが分かる。書簡にみられる「常に」という用語は、キルドリックが長い期間にわたってこの権力の地位に就いていたことを示唆している。また、グレゴーリウスの別の書簡では、キルドリックの統治がベルギカ・セクンダに限らず、周りの州にも及んでいたことが記されている [49]。

クローヴィスは481年頃に父キルドリックの後を継いで、ベルギー北部のドールニック（Doornik）に王宮を置く。クローヴィスは北ガリアの小さなフラ

— 99 —

ンク諸王国を武力によって合併した後、ガリアの他の地域の征服遠征に出かける。486年にスワッソン (Soissons) でローマの軍司令官シアグリウス (Syagrius) を破り、491年にエルベ川 (Elbe) とマイン川 (Main) の間に住むヴァルネン人 (Warnen)・アングル人 (Angelen)・スウェーヴェン人 (Sueven) などの同盟を結んでいたゲルマン部族を撃ち、また497年にはアラマン人 (Alamannen) を圧倒する。507年にクローヴィスの王国と張り合っていたフランク部族のもう一つの王国フランキア・リネンシス (Francia Rinensis) を併合することによって、最終的にガリア全土を支配するようになる。

クローヴィスはアラマン人に対する戦いの勝利を機にキリスト教に改宗した。ロマンス文化の影響が強いガリア中南部に進出するにしたがって、大多数を占めるようになったロマンス人の部下たちの宗教を受け入れると同時に、ローマ帝国崩壊の時代に最も重要な政治的・経済的かつ道徳的な権力となったキリスト教会と同盟を結ぶことがこの改宗の目的であった。このようにクローヴィスは宗教を大義名分として用い、王国の拡大に成功するとともに、ロマンス文化を受容することとなる。ロマンス文化の受容は、クローヴィスがその王宮をドールニックからパリへ移転したことに象徴される。

ベルギー北部のゲルマン語化―考古学的観点から

前述した通り、フランク人はトンヘレン地区のダイスブルフを本拠地にして、南方に領土を拡大した。クローディオはカンブレを征服すると、そこに王宮を移転した。また、クローヴィスはパリに移る前に、父キルドリックが埋葬されたドールニックを本拠地にしている。このようにフランク人の中心地はリンブルフから西フランドル、北フランスへと次第に西方へ移っていった。考古学的調査によると、リンブルフ州および北ブラーバント州におけるフランク人の集落の多くは450年から500年の間一時的に居住が中断している。王宮の移転に伴って多くのフランク人が移住していったと考えられる[50]。

考古学者ロゲ (Marc Rogge) はベルギー北西部およびフランス北部におけるメロヴィング王朝時代の居住跡および共同墓地の所在地を地図にまとめた[51]。考古学的調査の精粗は地域によって異なり、全体像を把握するには不完全なところがあるとはいえ、後述する地名学的情報と比較する上でこの地図は有益な情報を提供してくれる。この地図が示す通り、フランク人の居住跡はメロヴィング王が王宮を築いたドールニック・カンブレやその周辺の海岸地域

に最も集中している。特に北フランスの西部で著しい。西フランドル州については考古学的情報が不足している。それより東の地域は、レイエ川（Leie）・スヘレデ川（Schelde）・デンダー川（Dender）流域でも居住跡の密度が高い。フランク人が定住地として肥沃な農地や川の周辺を特に選んだことが分かる。また、居住が一時的に中断したリンブルフ州周辺が再植民されたのは、発掘された6-7世紀のフランク人の共同墓地が示唆するように、メロヴィング王朝後期になってからである。

　これらの考古学的情報をまとめると、フランク人は指導者とともに西方へ移動し、やがてカンブレ・ドールニック周辺に定住し、そこから川に沿ってベルギー北部を再植民したと推測される。

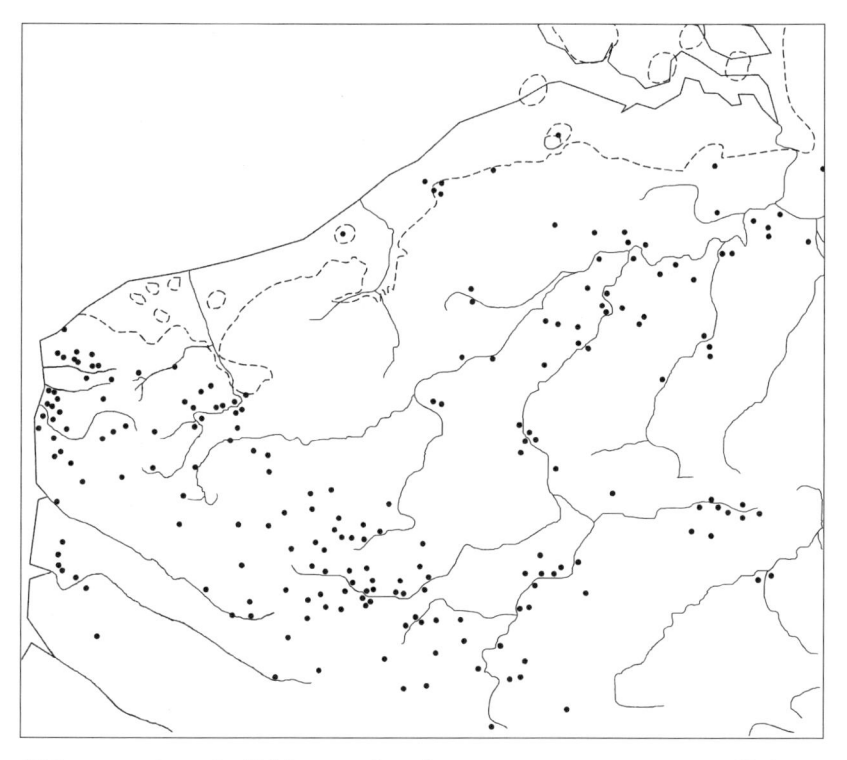

地図13　メロヴィング王朝時代のベルギー・北フランスにおけるフランク人の居住跡
(Rogge, 1996)

低地諸国の言語事情

ベルギー北部のゲルマン語化―地名学的観点から

　フランク人の植民はベルギー北部におけるゲルマン語化を促進した。西ヨ

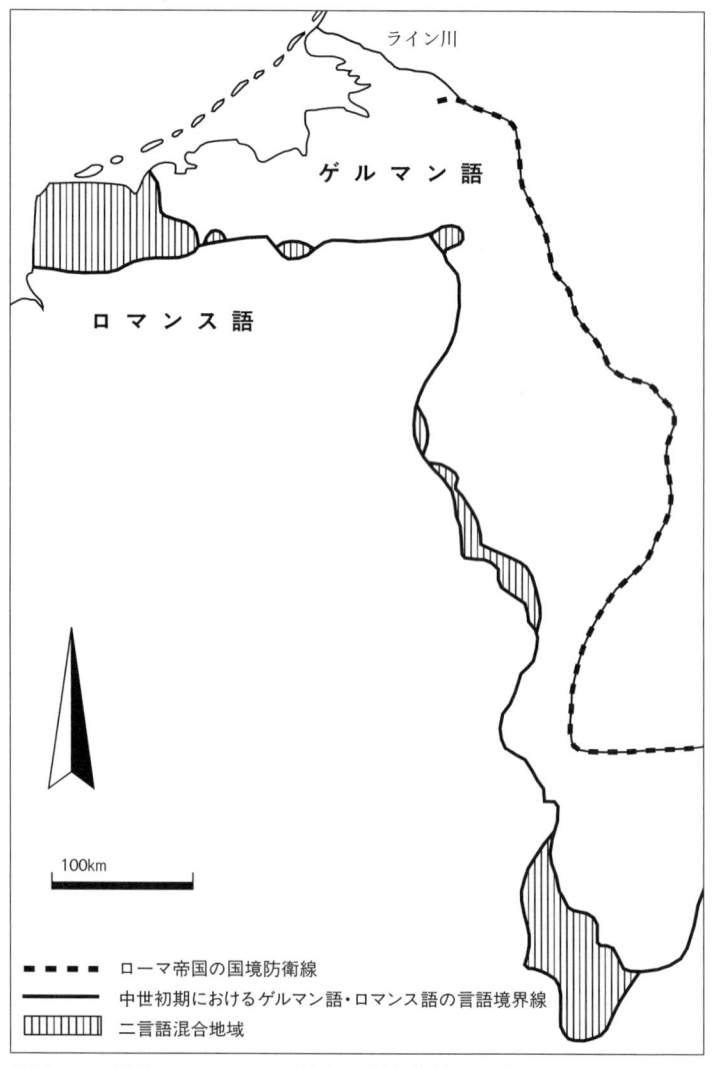

地図14　4世紀におけるローマ帝国の国境防衛線および
　　　　ゲルマン民族大移動後の言語境界線（Van Durme, 1995）

— 102 —

第四章　ゲルマン民族大移動とゲルマン語化

ーロッパにおけるゲルマン語とロマンス語との間の言語境界線は、中世前期にはモントレウ（Montreux）からアーヘン（Aachen）までライン川と平行している。しかし、アーヘンからベルギーに入ると、言語境界線は西方へと方角を変え、フランス北部まで進む。この部分の言語境界線は、ローマ帝国時代後期のケルン・バヴェ・ブーローニュを結ぶ防衛線とほぼ一致している。

　ゲルマン民族大移動の際に形成された言語境界線の位置、すなわちゲルマン語化の範囲を調べるには、ヒセリン（Gysseling）やヴァン・デュルメ（Van Durme）の地名学的研究成果を分析する必要がある。地図15は接尾辞-ingum, -ingas, -inga, -(inga)haima, -(inga)sali, -(inga)tuna をもつゲルマン語地名および接尾辞 in(iacas), in(iaca) villa curte をもつロマンス語・ゲルマン語混合型地名の分布を示す。

　フランク人が定住した時期にベルギー北部・フランス北部で数多くみられるゲルマン語地名は接尾辞-ingum, -ingas, -inga をもつ地名である。この接尾辞はその土地に定住した人の名の末尾に付けられる。例えば、Wulverdinge（1175年 Wulverthinga, 1187年 Wlverdinga）という地名は「Wulfa-frith という人のところ」の意味をもっている。なお、Wulfa-frith という人名は Wulfa（狼）と frithu-（平和）という二つの語からなる[52]。

　この類型の地名接尾辞は7世紀から多くの場合-inga-haim という新しい接尾辞に発達する。haim は「集落」という意味をもち、-inga は所有格である。例えば Leodredingas（723年・961年写本 Leodredingas mansiones）「レオドレッドの人々のところ」は Leodredinga haim（「レオドレッドの人々の集落」）へと発展し、現在の Ledringen となった。人名 Leodredinga は leudi-（「民」、現代オランダ語で lieden）と reda-（「議会」、後 rada, 現代オランダ語で raad）からなる。

　sali という語はメロヴィング朝時代に「小さな家」・「小屋」という意味を表わした。この sali という語もしばしば所有格-inga の後に接続して用いられる。例えば Bissezele（1085年・14世紀写本 Betsingsela・1141年写本 Bizsingasela）という地名は「バトソの人々の小屋」を意味する。また、Lederzele（1123年 Ledersela・1139年 Lidersele ; Leudhari- より由来）という地名では、sali が -inga にではなく、人名の所有格形に直接接続している。意味は「レオドハリの人々の小屋」で、leudi-「民」・harja-「軍隊」・sali「小屋」からなる。ベルギーの首都 Brussel（ブリュッセル、フランス語 Bruxelles, 966年15世紀写本

低地諸国の言語事情

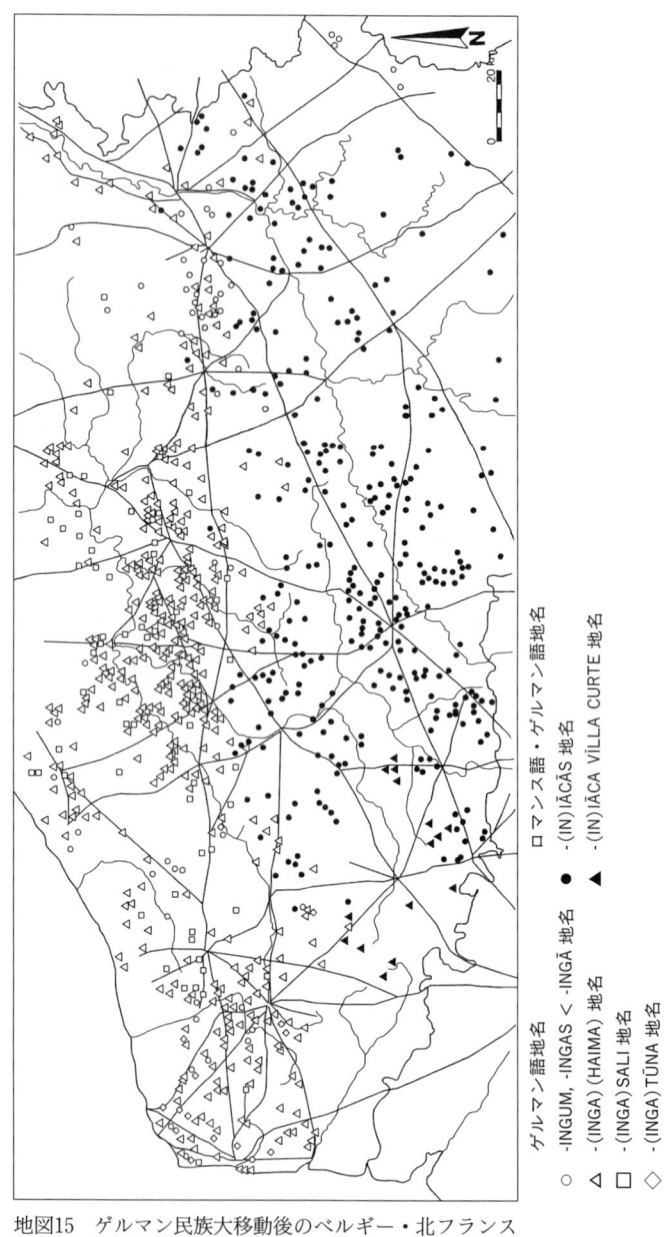

地図15　ゲルマン民族大移動後のベルギー・北フランスにおける地名の分布(Van Durme, 1995)

―104―

Bruocsella。ゲルマン語 broka「沼地」と sali からなっている）もこの類型の地名に入る。

　一方、ベルギー南部には接尾辞-(in)iacas, -(in)iaca villa (curte)のつくロマンス語・ゲルマン語混合型地名が数多くみられる。-(in)iacas はゲルマン語-ingas の影響を受けた-iacum 地名から派生した接尾辞である。-iaca-villa は前述の-inga-haim に相当するロマンス語の地名接尾辞である。また、オランダ語の Meregem・フランス語の Merville（10世紀 Manrivilla・1076年 Menrivilla・11世紀 Merengehen）という地名はゲルマン語（Manaharinga haim）とロマンス語（Manahariaca villa）の両言語にそれぞれ存在していた地名から由来している。この地名が表す意味は「マナハーリの人々の住居」(mana-「男」harja-「軍隊」）である。

　このようなロマンス語地名に含まれるゲルマン語の要素や二重語(doublet)の存在は、フランク人とロマンス人の共存から発生したものである。フランク人の移住の際、人口密度が低かったベルギー北部における使用言語は植民者の言語すなわちフランク語となった。人口密度が高かった南部では、征服者であるフランク人の言語は、人口の大部分を占めていたローマ・ガリア人に採用はされなかったが、初期の段階においてガリア人の話すロマンス語に影響を及ぼした。このため、ベルギー南部を含むガリア北部はゲルマン語・ロマンス語の混合地域となった。

サクソン人の影響

　ベルギー北部・フランス北部のゲルマン語化は複雑なプロセスであり、フランク語的要素のみに限定されているわけではない。例えば、西北ドイツのホルシュタイン（現在の Schleswig-Holstein）にその基盤を持っていたサクソン人（Saxon）もゲルマン語化に影響を及ぼした。364年頃にサクソン人がイギリスへ略奪遠征を行ったことがローマのテキストで報告されている。さらに368年にはガリアにも海から侵略している。373年にはディーゼン(Diesen、北ブラーバント州）でローマ軍がサクソン人を破る。また、ローマ人ヒエロニムス（Hieronymus）の記録によると、ゲルマン民族大移動の際にも、サクソン人がガリアに侵入している[53]。

　アングロ・サクソン人（Anglo-Saxon）は5世紀半ばにイギリスを征服し、ベルギー北部・フランス北部にも渡り、その沿岸地域に定住するようになっ

た。この地域におけるサクソン人の定住状況は -inga-tuna という接尾語をもつ地名の存在をもとに確認されている。この類型の地名が確認された場所についても上のヴァン・デュルメの地図15に示されている[54]。-inga-tuna 地名はイギリスにみられる-tun 地名(例 Brighton, Everton)と同類型である。tuna は元来「垣根」>「農家」という意味をもっていた。

　-inga-tuna 地名はブーローニュ周辺に集中しているため、サクソン人はこの港から内陸に侵入したと思われる。ブーローニュ周辺に位置する Landrethun (1155-58年・1215年写本 Landringetun) は-inga-tuna 地名の代表的な例である。この地名はゲルマン語の*landaharingatuna「ランダハーリの人々の農家」に由来する。tuna が inga を含まない単独の形で用いられている例として Béthune (1056年・1775年写本 Betunia) という地名がある。Béthune は *bi-tuna-ja という三つの語から成る複合語で、「垣根のところにある集落」という意味を表わす。内陸部に入ると-inga-tuna 地名の数は著しく減少し、ブーローニュ以東に散在している。このうち最も東に位置している tuna 地名は Warneton/Waasten (1007年・11世紀写本 uuarasthun、ゲルマン語*Warinastuna「ワーリンの農家」より由来) である。

　ファン・デュルメによると、サクソン人が沿岸地域に定住したことから生じたフランク語とサクソン語との接触の結果、フランク語はオランダ語へと発展する際にサクソン語から次のような影響を受けている。

　　例　[音声]　フランク語の au がこの地方でオランダ語の o ではなく a に発展したことが、地名に現れる(例 Adinkerke)。
　　　　[語形]　オランダ語の複数形はもともと-en を語幹に付けることで形成されたが、中世期から多くの名詞の複数形には英語と同じく-s をつけるようになる。
　　　　[語彙]　vijf (5) という数詞。他に農業に関する借用語が多い。

　以上の地名学的情報は、フランス北部沿岸地域およびスヘルデ川流域でサクソンの特徴を持つ土器・武器・装飾品が発掘されているという考古学的調査における事実によって裏付けられている。なお、15世紀までフランドルとイギリスとの間に親しい貿易関係が存在したのは、サクソン人が海岸地域に定住していたからである。

第五章　言語境界地帯の成立

サリ法典

　サリ族の法典である『サリ法典』（Lex Salica, 507-511年）は当時のフランク語で記されているテクストとして現存する稀なものである。このテクストはフランク人の社会生活について多くの情報を提供し、フランク語すなわち古オランダ語の研究には重要である。『サリ法典』の注釈に記されている法律用語はすべてフランク語である。一方、本文においてはこれらの用語がロマンス語化形で使用されているが、これは筆記者がロマンス人であることを示唆している。このようなゲルマン語に起源をもつロマンス語化した用語が極めて多いことから、当時、多くのフランク語の単語がロマンス語に借用されたと考えられる。

　また、『サリ法典』に記されている情報を分析すると、当時フランク人が主にロワール川（Loire）と石炭森（Silva Carbonaria, 現在のブラーバント州）との間に定住していたことが分かる。フランク人はロマンス人の農奴を隷属させていた農民であったが、すべてのロマンス人がフランク人の農奴となったわけではない。自由民にはフランク人の他にロマンス人の地主や納貢者が加わる。また、フランク王国の貴族層を形成していたのも、フランク人だけでなく、ロマンス人の地主も含まれていた。これらのロマンス人は『サリ法典』で uuala leodi「ワラの人」と区別して呼ばれていることから、彼らはワラ語すなわちロマンス語を使用し続けたことが分かる[55]。

ロマンス語におけるフランク語の影響

　中世前期にロマンス語がフランス語へと発展する。この発展途中でフランス語は征服者の言語であったフランク語から大きな影響を受けた。この影響の一つがフランク語の人名の流行である。一般に支配層の人名を採用することは社会的昇進の第一段階であると考えられる。ロマンス人がフランク語の人名を採用する傾向は8世紀まで著しい。また、ロマンス語固有の人名にも

フランク語的音声変化の影響が現われる。例えば、ロマンス語の lj が二重子音 ll となる（7世紀前半*Wilja → Willi）。この現象はパリの人名(639-657年 Villiberto) にまでみられる[56]。

　ロマンス語はフランク語から農業・酪農・大工・動植物・行政・軍隊・法律などに関する数多くの用語を借用した。農業用語はフランスのソム(Somme)地区・オワーズ(Oise)地区北部またエヌ(Aisne)・アルデンヌ地方(Ardennes)北部にまでみられる。法律・行政・軍隊の用語はそれよりもさらに広い範囲で用いられた。フランス語に現存するフランク語の単語として、riche（金持ち）, franc（自由、素直）, jardin（庭）, garder（見張る）, guerre（戦争）, salle（部屋）, auberge（宿屋）, blanc（白色）, brun（茶色）, gris（灰色）などが挙げられる。

　ロマンス語には存在してい)かったフランク語の h という音は、ロワール川以北のロマンス人によって採用される。例えば、ラテン語の altus およびフランク語の hauh の両語は7世紀のロマンス語で halt（現在 haut「高い」）へと発展した。

　文法の面では、ロマンス語では形容詞を名詞の後に置く習慣があったが、ゲルマン語の影響を受けて、形容詞を名詞の前に置く傾向がソム川以北にみられる。(例えば blanc fer, fin sable)。この現象の代表的な例として Neuchâtel（ネウシャテル、形容詞 neu「新しい」と名詞 châtel「城」の複合語）という地名がある。この形は Rouen-Lausanne までみられるが、それより南では Château-neuf となる。

　また、地名の分布については、ベルギー南部・フランス北部においてフランク語地名が著しく多い。ペトリが接尾辞 -baki をもつ小川名をこの地方で数多く確認したことは「はじめに」で説明した。そこで示した例 Roubaix は *rausi-baki（「アシ小川」）というフランク語から派生している。baki 地名はソム地区・エヌ地方・アルデンヌ地方まで数多く存在し、セーヌ川（Seine）まで点在するが、それより南にはみられない。

　ヒセリン（Gysseling）の研究結果を要約すると、フランク語の影響はフランス北部のアミアン（Amiens）・サン・クウェンタン（Saint-Quentin）・メジエー（Mézières）まで強く、もう少し南に下がったボーヴェ（Beauvais）・ソワソン（Soissons）・ランス（Reims）まではやや強くみられ、それより南ではかなり弱まる[57]。

第五章　言語境界地帯の成立

二言語混合地域の存在

　フランク王国の社会構造の中で、フランク人の貴族はロマンス人の地主階級と共に支配層を形成し、残りのフランク人の農民やロマンス人の納貢者は自由民層に属し、また、一般のロマンス人はこの両層に農奴として従属していた。この共存における言語接触は、その人口比率に応じた結果をもたらした。フランク王国の北部（ベルギー北部・フランス北部を含む）ではロマンス人の人口比率がもともと低く、フランク人が人口の大半を占めていた。逆に、フランク王国の南部ではフランク人がもっぱら少数派であった。また、フランス北部・ベルギー中部には両民族の人口比率が比較的均等である地域が存在していた。
　ヒセリン（Gysseling）は地名学的研究を進めている途中、8世紀の手稿本の中に *Hlopanna*・Flawinne という二重語が存在することを知った。これは同一の地名を指すのに、ゲルマン語およびロマンス語の両語でそれぞれ異なる地名が存在していたことを意味する。この手稿本に記載されている二重語が例外なのではなく、メロヴィング朝時代にロマンス人・ゲルマン人が共存していた各地域に同じような二重語が数多く存在していたのではないか、とヒセリンは考えた。調査の結果、二重語には、共通の原形から両言語においてその言語特有の音声的変化を受けて発展した類型と、一方の言語にすでに存在していた語が、他方の言語に翻訳された、あるいは音声的変化を受けた類型の二種類があることをヒセリンは確認した[58]。
　二重語が存在していた地域において一つの言語が使用されなくなると、その言語の地名も消え、勝ち残った言語の地名だけしか残らなかった。そのため、他方の言語地域でも広く知られていた二重語（例えば大都市名）のみが現存することができた。現存する代表的な二重語を以下にフランス語・オランダ語の順で挙げる。

　　Arras ＝ Atrecht　　　　Louvain ＝ Leuven
　　Tournai ＝ Doornik　　　Namur ＝ Namen
　　Courtrai ＝ Kortrijk　　　 Bruxelles ＝ Brussel
　　Cambrai ＝ Kamerijk　　Anvers ＝ Antwerpen
　　Malines ＝ Mechelen　　Bruges ＝ Brugge

    Liège = Luik = Lüttich　（フランス語・オランダ語・ドイツ語の三重語）
    Cologne = Keulen = Köln　（同上）
また、二重語としては現存していないものには以下の例がある。
    Paris = *Persa*　（891年頃）
    Amiens = *Embenum*　（884年）

言語境界「線」の成立過程

　フランク人とロマンス人との共存生活は、相手の言語の受動的知識から両言語の能動的知識、先祖の言語の受動的知識という段階を経て、一言語使用に至る。ガリアの北部（ベルギー北部を含む）・東北辺境地（現在のドイツ西南部の一部）における使用語はゲルマン語へと、その他の地方はロマンス語へと発展した。

　このプロセスは地名の音声的変化に表われる。例えば、二言語地域の北部におけるロマンス語地名の接尾辞 -(in)iacas がゲルマン語の音声的変化を受けて -(en)aken へ発展したこと（例えば東フランドル州の Rozenaken）は、この地域においてゲルマン語のみが使用されて発展したことを示す。また、同地域でゲルマン語地名の接尾辞 -baki は8世紀にゲルマン語の音声変化を受け、-beke（例えばフランス北部の Herbecque）となる。一方、南部ではこの接尾辞 -baki はロマンス語の歯擦音化によって -baix や -bise（例えばフランス北部の Roubaix）へと変化する。この音声変化がみられる地域ではロマンス語が統一言語となっている。このような二重語の消滅や北部における地名のゲルマン語化・南部における地名のロマンス語化は、言語境界「地帯」が7-8世紀に次第に言語境界「線」へと変わり始めたことを示している。

　言語境界線の成立の原因について様々な学説が出されてきたことについては「はじめに」で紹介した。しかし、言語境界線がフランク人の移住を停止させた「線」ではなく、フランク人の移住・浸透によってできた二言語混合地域が少しずつ二つの一言語地域へと発展していく過程でできた「線」であることは、ヒセリンの研究によってはじめて明らかにされた。

　二言語混合地域の南部では、フランク人が支配層として定住し、フランク語がロマンス語に影響を与えたとはいえ、この支配層がもっぱら少数派であったため、ロマンス人はフランク語を使用言語として受容するには至らなかった。逆に、クローヴィスやフランク人貴族たちはキリスト教への改宗・パ

第五章　言語境界地帯の成立

リへの王宮移転によってロマンス文化と共にロマンス語を受容するようになった。

　北部は、ローマ時代におけるバヴェ・ケルンの防衛線建設によってロマンス文化の影響が届かない無人地帯となっていた。フランク人はドールニックを拠点としてこの地域を植民した。この地域ではフランク人が人口の大多数を占め、ロマンス語を受容したフランク人貴族が滞在していたパリから距離的にも離れていたので、この地域のフランク人は独自の言語を保つことができた。

　言語境界「地帯」が言語境界「線」へと集約されていく際、パリの影響下にありロマンス人の人口密度が高い地域ではロマンス語が統一言語となり、逆にパリから離れフランク人が大多数を占めた地域ではフランク語が統一言語となった。その過程を地域ごとにまとめると、言語境界地帯の西部（フランス北部）ではロマンス語化が顕著である。中部（ベルギー中部）ではその北側にゲルマン語化・南側にロマンス語化の軌跡が均等にみられる。東部（ベルギー東部・ドイツ西南部）ではゲルマン語化の軌跡の方がより多く確認される。

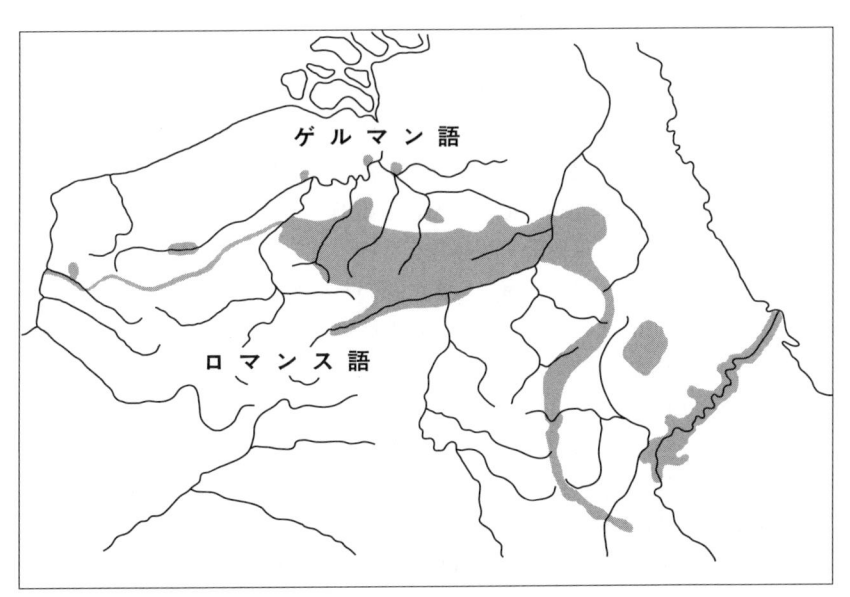

地図16　８世紀の西ヨーロッパにおける二言語混合地域（Gysseling, 1981）

第六章　フランス語化と言語境界線の移動

フランス語化

　第一部で論説した通り、フランク語は中世において中期オランダ語に発展した。また、ロマンス語も同時期にフランク語からの影響を吸収しながらフランス語へと発展する。これに伴って、言語境界線の両側で各言語特有の発展に従って地名などが音声・形態上の変化を受ける。

　言語境界線は11世紀から東へと移動し始める。この傾向は特にフランス北部で著しい。当時のオランダ語地域においてフランス語が使用されるようになった痕跡は接尾辞 ville や mes をもつ地名の採用に表われる[59]。ブーローニュ(Boulogne)の後背地には ville 地名が広い範囲にわたって分布していることが確認されている。この地域における最北の ville 地名はカレ(Kales,フランス語 Calais)の南に位置している Coddeville である。ville 地名はもともと孤立した農家のある土地を名づけるのに用いられたが、そのうちのいくつかは村へと成長した（例えば Bournonville, Conteville, Menneville）。ville 地名はブーローニュ伯領に多くみられるが、隣接しているテルヌア伯領(Ternois, St. Pol を中心とする小さな伯領)にはまったくみられないこと、またブーローニュ伯領において Conteville (「伯爵の屋敷」) という地名 (手稿本にみられる初記載1121年 Comitis villa) が存在していることから、当時のブーローニュ伯がロマンス人の植民開拓者を自領に招いたのではないかという推測が出されている[60]。ville 地名が分布している地域には mes 地名（mansus「屋敷」に由来）も多く確認されている。例えば Hérimetz(1221年 Henrimes)・Rahiermetz(1112-20年 Rairmes)などがある。さらに、12世紀には、同地域のオランダ語の地名にフランス語的音声変化が起こる。例えば ald は aud となり、古期オランダ語（古低地フランク語）Falcanberga は1197年の手稿本には Faukenberga（現在 Fauquembergues）と記述されているなどの変化がみられる。また th は t となる。例えば Thornehem は1164年と1170年の手稿本には Tornehem（現在 Tournehem）と記載されている。こうした中世における

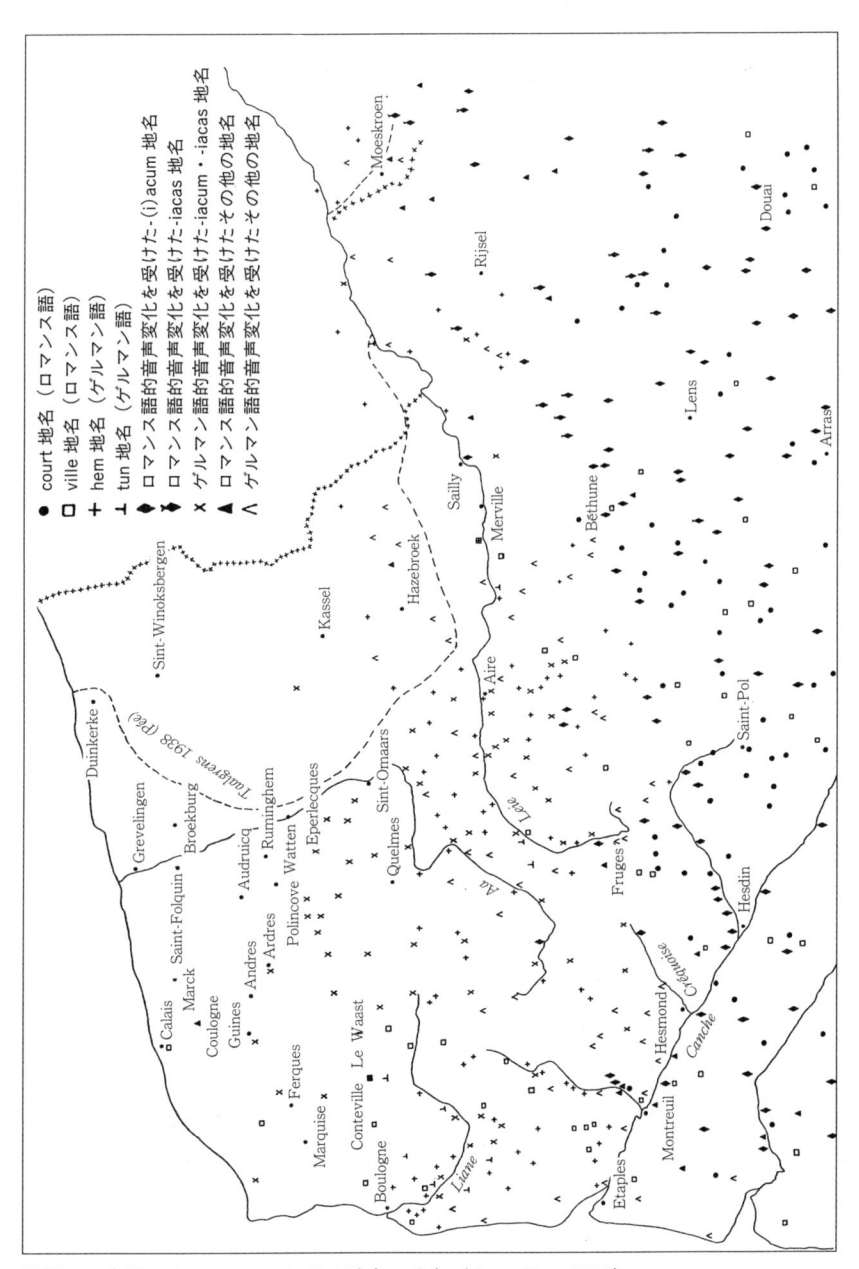

第六章 フランス語化と言語境界線の移動

地図17 中世の北フランスにおける地名の分布 (Gysseling, 1972)

フランス北部のフランス語化の原因として、西側に隣接するピカルディー（Picardie）を中心とした経済の活発な発展が挙げられている[61]。

しかし、Coddeville や Tournehem はかなり北方に位置し、その周囲はオランダ語地名に囲まれているので、こうした早い段階におけるフランス語化の例は、一般民衆までには及ばない、上流階級のみのフランス語化を意味すると解釈しなければならない[62]。13世紀のフランスではフランス語がラテン語に代わって公式文書の言語となる。カレでアルトア（Artois）の伯爵ロベールII世に対する市民蜂起が鎮圧された後、蜂起の中心都市であったカレでは公式文語としてフランス語の使用が命じられた。しかし、当時のカレの公式文書に表われるオランダ語の地名・人名やフランス語の文章中に挿入されているオランダ語の単語・文が多いことから、13世紀においてもこの都市の民衆の言葉はオランダ語であったと推測される[63]。

カレの場合と異なり、フランドルの諸都市で13-14世紀に公式文語としてのラテン語の役割を受け継いだのはフランス語ではなくオランダ語であった。この現象はフランス北部の都市（例えば Duinkerke）にもみられる。とはいえ、フランドルは当時まだフランス王国の一部であった。フランドル伯はフランス王に従属していた上、1127年にその家系が途絶えた後はフランス貴族がその位に就いていた。そのため、フランドル伯に仕える廷臣は公式の言語としてフランス語を使用した。低地諸国は14世紀にブルゴーニュ公国に併合され、さらに15世紀にハプスブルグ家の手に渡る。16世紀にハプスブルグ家のスペイン王に対して反乱が起こり、その結果オランダは独立を果たすことになるが、ベルギーはそのままスペインの統治下に残り、後にスペインに代わってオーストリアの統治下に置かれる。ブルゴーニュ公に仕える廷臣は通常フランス人やブルゴーニュ人であった[64]。また、ハプスブルグ家の宮廷での公式言語もフランス語であった。そのため、ブルゴーニュ公をはじめハプスブルグ家スペイン王やオーストリア皇帝もベルギーにおける宮廷・中央官僚によるフランス語の使用を継続させた。しかし、上述の通りベルギー・フランス北部の諸都市ではオランダ語がそのまま公用語として使用されていたので、フランス語を使用する統治者・中央官僚を中心とした上流階級とオランダ語を使用する都市市民・一般民衆が共存していたと結論づけることができる。

第六章　フランス語化と言語境界線の移動

フランス語使用の社会的な背景

　中世期に入って、宮廷貴族および官僚に影響されたベルギーの地方貴族もフランス語化する。ブラーバント公の吟遊歌人アデネ・ル・ロア（Adenet le Roi）は次のように記述している。「すべての君主・伯爵・侯爵が娘や息子にフランス語を教えるためにフランス人を常に雇用しているのがオランダ語の国々における慣習であった」(Avoit une coustume en el tyois pays / Que tout li grant seignor, li conts et li marchis / Avoient, en tout ans, gent françoise tou dis / Pour aprendre françois leurs filles et leurs fils.) [65]。

　地方貴族に続いて、上流階級の市民層もフランス語を使用するようになる。この傾向はまずオランダ語・フランス語の二言語併用という形で表われる。例えば、フランス北部に位置するシント・オマール (Sint-Omaars) では13世紀後半にフランス語が公式文語となるが、14世紀においてもすべての公表は「慣用的なフランス語およびオランダ語」(in idiomatibus gallico et flamingo) [66] で行われている。この慣習は1593年まで続く。

　上流階級がフランス語を使用する傾向はブルゴーニュ公およびハプスブルグ家による低地諸国の統治の時代に強まるが、都市市民の使用言語は依然としてオランダ語であった。中央官僚のフランス語使用に対するフランドル都市市民の自主独立主義は、戦場で亡くなったブルゴーニュのシャルル突進公の一人娘マリーがフランドル諸都市に与えた「特権認可状」(Groot Privilegie) によく象徴されている。フランドル諸都市はブルゴーニュ公の統治下で失った特権を取り戻すためにマリーに政治的圧力をかけた。その際、要求した特権の一つがオランダ語の使用であった。

　市民階級が最終的にフランス語を使用するようになった原因は、統治者の影響というよりも、18世紀のヨーロッパで広がっていたフランスの文化・言語に熱中するコスモポリタン主義であった[67]。大学ではフランス語がラテン語にとって代わり、思想界の言語となった。この傾向に影響されて、商人・下級官僚・司法官・芸術家などもフランス語使用に転換し、フランス語を話すグループとして上流階級に仲間入りした。

フランス語化政策

　フランス王ルイ XIV 世は17世紀半ばにフランス北部を征服する。ダインケ

ルク（Duinkerke）の降伏証書には次の条項が記されている。「昔から常に行われてきた通り、司法における民法も刑法も口頭弁論・執行・施政はオランダ語あるいはフランドル語で行い続ける」（l'on continuera toujours au magistrat de plaidoier, exercer et administrer la justice tant civile que criminelle en la langue thioise ou flamande comme l'on a toujours fait du passé.）[68]。しかし、ルイ XIV 世はその後この条項を遵守せず、1663年にダインケルケの行政官にすべての公文書を以後フランス語で作成するように命じている。1684年にこの勅令はフランス北部全地域に拡大されたが、多くの抗議書が寄せられ、実施にまでは至らなかった[69]。

フランス北部の小教区には17-18世紀にすでに小学校が存在していた。最も重要な科目はカテヒスムス（教理問答）であった。その他にも読書や数学が教えられていた。小学校における使用言語はオランダ語であった。ダインケルケでは16世紀からフランス語もカリキュラムに加えられた。ルイ XV 世は1773年に、ダインケルケの貧しい子供たちのためにオランダ語、フランス語それぞれの言語で教育が行われる小学校の開設を一校ずつ認可している。中等教育はカトリックの学校で行われていた。教育言語はラテン語であったが、下の学年ではオランダ語が補助言語として使用された[70]。

それまでの言語使用に関する勅令の対象は公文書に限定されていたが、フランス革命期には積極的な言語政策が始まる。フランス革命から生まれた国家は強い中央集権の確立を目指した。中央集権は単一言語の使用を含意する。そのためフランス国家は少数言語を使用するグループの存在を容認せず、これらのグループを言語的に同一化することに努めた。1794年に行政の最小単位までオランダ語の使用が禁じられる。違反者には罰金が科せられた。同年にはすべての小学校に、オランダ語を話すことができないフランス語の教員を採用しなければならないという法令が出されている。しかし、1796年の記録によると、多くの人は子供を非公式のオランダ語教師に送っていたらしい。オランダ語教育用教科書としてフランス北部カッセル市（Kassel）の教師であったステーヴェン（Andries Steven）の『新オランダ語教科書』（Nieuwen Nederlandschen Voorschriftboek, 1714年初版。1833年まで多くの再版がある）が使用された[71]。中等教育で用いられる言語はもっぱらフランス語となった。

1833年の法令では小学校におけるオランダ語の使用が完全に禁止される。

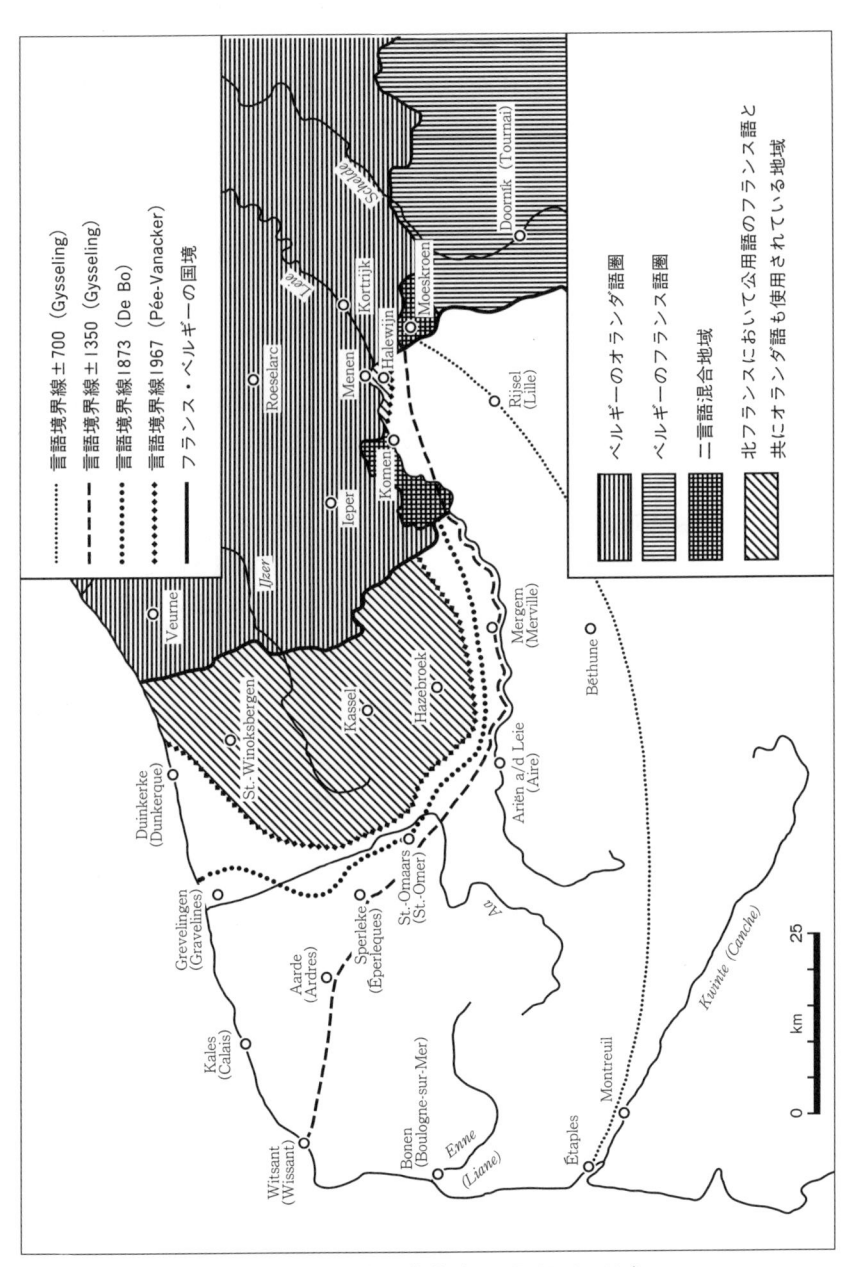

第六章　フランス語化と言語境界線の移動

地図18　北フランスにおける言語境界線の移動（Ons Erfdeel, 1995）

校内でオランダ語を話す生徒には罰金が科せられた。1890年には教会におけるオランダ語の使用も禁じられる[72]。オランダ語教育およびオランダ語で書かれた書物や新聞の欠如によって、フランス北部におけるオランダ語は次第に家庭内の話し言葉へと退化していった。20世紀前半にダインケルケでオランダ語がほぼ完全に消滅した。また、ダインケルケ周辺の地域では、祖父母はオランダ語とフランス語の両方を話すことができ、両親はオランダ語の受動的知識をもちながらフランス語のみを話し、子供はフランス語しか話せない、という状態になった。地図18はフランス北部における言語境界線の移動を時代別に示している。

　ナポレオンがベルギーをフランスに併合すると、ベルギー北部（フランドル地方）においてもフランス語化政策が1794年から1814年まで展開された。ベルギーではフランス語化政策が国家統一のためのみならず、ベルギーをフランスへ併合する道具としても利用された。この時期にフランドルのいくつかの区役所から寄せられた苦情に対して、ベルギーに派遣されたフランス人の内務大臣が出した次の回答（1796年11月20日）にこの政策の意図がよく表現されている。

　「市民よ、すべての公文書をフランス語で作成しなければならないということを法は明確に定めている。人間を最も親しく結ぶ絆は言語である。この絆によって（ベルギーの）市民を共和国（すなわちフランス）に結び付けることがいかに重要かを、君たちは感じているはずである。この統一の障害となる多様性こそなくさなければならない」[73]。

　行政は完全にフランス語化され、公的教育もフランス語で行われるようになった。この時代に全盛期を迎えた寄宿学校ではフランス語教育が重要な位置を占めていた。また、市・区役所での手続きを行うためにはフランス語の知識が不可欠となった。

　さらに、道路名を示す標識もフランス語で記すという法令が1806年に出された。この法令の附記事項として、該当市町村の住民にとって翻訳が不可欠な場合に限って、オランダ語訳を小さな字で付け加えることが可能であると記された。しかし、実際にはオランダ語が唯一の使用言語であったブルッヘ（Brugge）やオーステンデ（Oostende）などのフランドル諸都市でもこの附記事項の権利さえ認められなかった[74]。

　これらの法令にはベルギーを徹底的にフランス語化するという強い意志が

第六章　フランス語化と言語境界線の移動

表われているが、最終的には一般民衆のフランス語に対する無知という現実に直面した。多くの市町村で法令や公文書を翻訳する必要が生じ、また小学校においてもフランス語ができる教師の不足が著しかった[75]。結果的に、フランス語化は一般民衆にまでは及ばなかった。しかし、フランス革命によって権力を獲得したベルギーの市民階級は逆にフランス語化を歓迎した。この市民階級は自らの社会的地位を高めるために、かつてのエリート階級であった貴族の生活様式を受け継いだ。この生活様式にはフランス語の知識が重要な要素であった。なぜなら、フランス語の使用はエリートにとって、一般民衆から一線を画し社会的優越を示す基準であったからである[76]。このような社会的動向は市民階級においてフランス語化政策を浸透させるには好都合な土壌を育んだ。

ネーデルランド王国のオランダ語化政策

　ナポレオン敗北後、ウィーン会議に集まった列強各国によってベルギーの将来が討論された。とりわけ、イギリスはフランスに対抗し得る強力な緩衝国の創設を望んでいた。また、オランダ王ウィレムⅠ世も16世紀以来分裂していた南北ネーデルランドの統合を夢見ていた。こうした状況の下で、ベルギーとオランダが統合し、「ネーデルランド王国」が生まれた。

　ウィレムⅠ世は強力な中央政権をもつ近代国家の建設に乗り出した。オランダとベルギーを統一する重要な要素として、両国を合わせた国民の75%が話すオランダ語が注目された。しかし、ベルギー南部におけるフランス語使用およびベルギー北部の市民階級のフランス語化はこの統一を妨げていた。ベルギー北部の市民階級の再オランダ語化と北方に移動していた言語境界線を元の位置に戻すという二つの目的に向けて、ウィレムⅠ世は積極的なオランダ語化政策を実行した。

　1819年9月15日付けの勅令では、ベルギー北部のリンブルフ州・アントウェルペン州・東フランドル州・西フランドル州の文部・司法・財務・軍事行政を1823年1月1日よりその地域の言語すなわちオランダ語で行うことが定められた。その時点でオランダ語の知識が不十分だった士官をワロン地方に異動させることも決められた。後に、すでにフランス語化が進んでいたブラーバント州のブリュッセル・ルーヴェン両行政区域にも同勅令が適用された。3年間の過渡期を経て、ベルギー北部の行政におけるオランダ語使用が次第

に定着していった。やがて1822年末の時点でオランダ語を充分に理解できなかった士官はわずか13名にとどまり、その内2人は解雇され、2人はワロン地区に異動し、1人は休職となった[77]。

　ウィレムI世は行政のほか、特に教育のオランダ語化に力を注いだ。政府は1817年から1820年の間にベルギーで15の国立小学校をモデル校として創設した。これらの小学校での教育言語はオランダ語であった。しかし、市民階級の圧力によって、フランス語の科目が教育課程に加えられることになった。また、政府はオランダ語だけを使用言語とする小学校に補助金を提供し、オランダ語の教員養成学校をベルギーのリール市（Lier）に設立した。中学校での教育言語は1823年1年1月より次第にその地域の言語すなわちオランダ語に転換するよう定められた。この勅令によって、フランドル諸都市の中等教育におけるオランダ語化はブリュッセルを除けば、1828年度までに実現された[78]。

　しかし、官僚・教育分野において以上のような進歩がみられたとはいえ、総合的にはオランダ語化政策は失敗に終わった。オランダ語化政策の最終目的であったネーデルランド王国における言語統一というオランダ語領土拡張主義はワロン地方住民およびフランス語化したフランドル地方の上流階級から強い反対運動を引き起こした。このオランダ語化政策に対する不満は氷山の一角に過ぎなかった。ベルギーのカトリック系の人々はプロテスタントを奉ずる国王による統合政策に疑問を感じ、特に教育への介入に大きな不満を抱いていた。フランス革命の思想に影響を受けていた市民階級は個人主義と民主主義を望み、国王の専制主義に反抗した。反対運動が激化する中で、ウィレムI世は1830年にその統合政策の緩和を図ろうとした。緩和の一環として官僚・教育におけるオランダ語使用に関する勅令は無効とされた。しかし、この緩和はむしろ国王の弱さとして受け取られ、フランスの七月革命に刺激されたベルギー市民は同年にブリュッセルで反オランダ革命を起こし、ベルギー王国の独立を宣言し、ザクセン・コーブルク公レオポルドI世（Leopold I）を国王として迎えた。ウィレムI世はベルギーに軍隊を派遣し、戦争状態が9年間続いたが、ヨーロッパの列強国はロンドン国際会議を開催し、ベルギーの独立を承認した。

第七章　言語境界線の確立

ベルギー王国における言語政策

　1831年の憲法制定議会は、独立したベルギー王国を「権限委譲型統一国家」(unitary decentralized state)[79]という理念のもとに建国した。しかし、王国の統治は、国王・議会・政府の所在地である首都ブリュッセルを中心に強力な中央政権によって行なわれた。その中央政権はいくつかの権限を州および市町村に委託したとはいえ、これらの地方分権機関はあくまでも下級機関に過ぎなかった[80]。

　新国家の文化的統一を促進するための手段として再び使用言語の統一が図られた。フランス語がフランドル地方も含め、ベルギーにおける唯一の公用語となった[81]。前章でみてきたように、上流階級においてフランス語を話すことは地位と社会的昇級の象徴であり、ウィレムⅠ世によるオランダ語化政策に対する不満が、ベルギーが独立した原因の一つであった。独立運動の先頭に立ったこの上流階級がフランス語をベルギーの統一言語とする言語政策を推進した。官職を得るためにはフランス語の知識が不可欠となった。また、教会・教育・軍隊・企業の各分野における主要な役職はフランス語話者が占めるようになった。言語境界はすなわち社会境界となった。しかし、フランス語話者とオランダ語話者との間にこのような社会的乖離が生じた結果、フランス語話者のエリート階級がフランドルにおける積極的なフランス語化を実施するまでには至らなかった。中等・高等教育（ルーヴェン大学・ヘント大学・ブリュッセル大学）における使用言語はいうまでもなくフランス語のみであったが、初等教育に関しては地方にある程度の自治権が与えられていた。当時のフランドルの農村社会ではフランス語の知識が不必要であったため、初等教育は保守的にオランダ語で行われた[82]。1910年の時点で各言語地域における単一言語使用がどれほど主流であったかを同年に行われた言語使用調査が示している。この調査の結果は、オランダ語単一使用が45,4％で、フランス語単一使用が40％であった。他方、フランドルにおける二言語使用の人口

は1866年の調査時と比較して、12,3％へと倍増している。この数字をみると、フランドルにおけるフランス語化が新国家の下でかなり進んでいたことが分かる。このフランス語化は特に大都市で著しかった[83]。

　首都であるブリュッセルはフランス語化に大きな影響を及ぼした。ブリュッセルはもともとフランドルの都市であるが、首都であることから、上流階級のフランス語化がかなり進んでいた。1830年以降、中央政権の行政・教育方針を受けて首都のフランス語化が進み、さらにワロン人の首都への移住がこの傾向を一層強めた。

フランドル運動

　このようなフランス語化政策に対する唯一の反対がフランドルの文学者たちによる文化的運動（フランドル運動、Vlaamse Beweging）であったが、政治的には大きな影響を与えることができなかった。1830年当時、かつては繁栄を誇ったフランドル地方が経済的に停滞していたのに対して、石炭や製鋼業の分野で国際的に評価されていたワロン地方の経済は非常に活発であった。このような経済状況からも、公用語としてのフランス語の採用が正当化されていた。当時の社会状況においてはオランダ語を話すことは貧困と社会的劣等のイメージと結び付いていた[84]。なお、1831年の憲法では一定額以上の納税者にしか参政権が与えられていなかったので、フランドル運動は選挙権を有するフランス語化した市民層からの政治的な援助を期待することができなかった。フランドル運動は当初、穏健な性質を持っていた。その要求はフランドル地方におけるオランダ語の扱いをフランス語と平等にすることだけであったが、これに対するフランス語話者からの激しい反発は、フランドル運動の闘争精神を高めることになった。

　1848年より民主化傾向の結果として参政権の対象者層が次第に拡大されていき、さらに1893年と1921年の2回にわたる憲法改正を通じて成年男子選挙権制度が導入された（婦人参政権は1948年に導入された）。フランドル人がベルギーの人口の過半数を占めていたため、これらの参政権の改正はフランドル運動の政治力を増強させることになった。その結果いくつかの言語法が制定され、フランドル地方におけるオランダ語の使用は、1873年に刑法、1878年に行政、そして1883年に中等教育においてそれぞれ認められるようになった。

第七章　言語境界線の確立

　1898年の「言語平等法」(オランダ語で書かれた法はフランス語で書かれた同じ法と同等の法的効力を有すること)はフランドル運動にとって大きな勝利であった。しかし、これらの言語平等法は、ワロン人およびフランス語化した上流階級のフランドル人には自分たちの権力の座に対する攻撃として受け取られた。ワロン側からの反撃としてベルギーの分裂・連邦化といったいくつかの提案が社会党と自由党から出された。1912年にワロンの社会党主ジュール・デストレー（Jules Destrée）は国王アルベールⅠ世（Albert I）への投書で「国王陛下よ、ベルギー人は存在しない」(Sire, il n'y a pas de Belges)[85]とまで書いた。デストレーはベルギーをフランドルとワロンの二つの地方に分けて連邦化することを推進した。このワロン側からの連邦化の提案には経済・社会的な背景がみられる。当時のワロンでは石炭資源の枯渇問題が浮かび上がってきていた。一方、フランドルでは1880年から工業化が始まった。こうした状況の中でワロンやブリュッセルの資産家たちは、労働運動が活発に行われていたワロンよりも安い労働力が溢れていたフランドルの方を新しい投資の場として選んだ。また、フランドルの工業化に伴う中小企業の設立によってフランドルにも活発的な経営者層が生まれた。この新たに誕生したフランドルの中産階級を軸とする経済界は、ワロンやブリュッセルの資産家に対する競争の一環としてフランドル運動を支援した。他方、ベルギーの資産家層から見放されたという意識がワロン地方において強力な社会党を生み出した。さらに、言語平等法を制定した当時の政府の支持基盤であったカトリック・フランドルに対する懸念から、ワロンの社会主義者たちの間で反ベルギー主義が高まり、上述のような連邦化の提案に結びついた。

　二度の世界大戦を通じて、両民族の対立は激化した。軍隊におけるオランダ語の使用に関する法律は1917年にしか効力を発しなかったので、第一次世界大戦中フランドル人の兵士が理解できないフランス語で軍隊の指揮が執られるという悲惨な事態が生じた。この事態に対するフランドル人の抗議はもはや言語の平等扱いだけでなく、フランドルの自治の要求へと発展し、フランドル民族自決主義(Vlaams-nationalisme)を生み出した。戦後、フランドル側とワロン側からベルギーを連邦国にするいくつかの提案が出されたが、1930年代のフランドル民族自決主義の過激化と第二次世界大戦によって、これらの計画は実行には至らなかった。フランドル民族自決主義の過激化は、フランドル運動の要求が党利党略の政治で挫折したことに対する中流・下層

階級の不満に起因していた。諸々の言語法がすでに可決されていたにもかかわらず、これらの言語法の定義は曖昧であり、その実行はフランス語話者の官僚の解釈によって妨害されていた[86]。言語法の正当な施行が遅れるほど、フランドル運動が過激さを増した。

　第二次世界大戦におけるフランドル民族自決主義過激派のドイツ人占領者との協力関係は、戦後のフランドルでむしろその信用を落とさせ、フランドル運動の活動が一時的に停止することになったが、両民族の文化・政治的な分裂は「国王復位問題」で一層深まった。ドイツ軍侵略当時、ベルギー国王レオポルドⅢ世（Leopold III）が政府と共にロンドンに亡命せずに、ベルギーに居残ったことを理由に、その戦争における責任が問われた。総選挙と国民投票を通じて、多くのワロン社会主義者は国王復位に反対を表明したのに対し、多くの保守的なカトリックのフランドル人は復位に賛成した（1950年3月12日の国王復位の賛否についての国民投票の結果を地域別に見ると、フランドルでは賛成票が72％であるのに対し、ブリュッセルでは48％、ワロンでは42％であった）。この激しい対立は国を分裂の危機へと追い込んだが、レオポルドⅢ世の退位によってこの危機は免れた。

　戦後、石炭や製鋼業を基盤とするワロンの伝統的な重工業が新しい国際環境の中で長い衰退期に入ったのに対し、フランドルは多国籍企業の投資を受け、健全な経済成長を遂げていた。上述した通り、戦後まもなくフランドル運動はその活気を一時的に失ったが、1960年代に入ってこの経済成長によって新たに培われた自信を反映して、フランドル人民同盟党（Volksunie）というフランドル主義・連邦化志向の政党が誕生した。フランドルの伝統政党もこのフランドル人民同盟党に票を奪われないよう、親フランドル的な政治プログラムを明言し始めた。このプログラムの要点はこれまでと変わらずフランドルに言語・文化における平等の権利を与えることであった。領土原則（単一言語を用いる地域においてすべての公的行いはその地域の言語で行わなければならないという原則）に基づいて言語境界線を確立した1962年の言語法はその政治活動の結果である。

言語境界線の作図

　前章で概説した通り、フランス革命期以降、国家統一にとって言語統制が重要な課題となったが、それ以前は言語境界線の問題には政治的関心が低か

第七章　言語境界線の確立

った。1795年にベルギーがフランスに併合されると、ベルギーにおけるフランス語・オランダ語の言語境界線が注目されるようになる。フランスの高官ドゥ・モンブレ（Coquebert de Montbret）は1806年にベルギー各地区の長官からの情報を元に言語境界線を確定するはじめての地図を作成した。これらの情報はもちろん科学的根拠がないものであった。現在の状況と比較すると、特に東部に関する情報の信頼度は低かったようである[87]。しかし、西部および中部に関しては、現在に近い状況を伝えている。なかでも、西フランドル州の南部においてフランス語が現在よりも浸透していたようである。

　また、オランダ国王ウィレムⅠ世も言語境界線の調査を行った。彼は調査データを利用して言語境界線を昔の位置に戻すことを試み、オランダ語化政策を特に言語境界線に近い地域で実施した。こうして、言語境界線の調査が政治的な意味を持つようになった。

　ベルギー独立後、フランドル運動の圧力によって成立した言語法を適用するために言語境界線の正確な位置を確定することが必要となった。しかし、現実はかなり複雑であった。なぜなら、言語境界線は州の区分と一致していなかったからである。1935年に言語境界線の位置を調査したブランカールト（Edgar Blancquaert）はこの問題について次の通りに記述している。「ロマンス語・ゲルマン語境界線を画定することは、人々が考えるほど容易なものではない。私は『南東フランドル方言アトラス』を作成するために、ヴァンガッセン博士（H. Vangassen）と共に（言語境界線上に位置する）ロンセ（Ronse）とエーディンヘン（Edingen）の間で現地調査を行った。ある部分には正確な線を引くことが可能であるが、ほかの部分では純粋なフランドル語（＝オランダ語）地域と純粋なワロン語（＝フランス語）地域の間に多少幅の広い混合地域が存在している。また、言語境界線上のほかの区間でもこのような二つの形態がみられる」[88]。『南東フランドル方言アトラス』（Dialectatlas van Zuid-Oost-Vlaanderen）をみると、例えばヘラールスベルヘン（Geraardsbergen）の周辺には明確な言語境界線が引かれているが、レッテリンヘン（Lettelingen）には1‐2 km幅のオランダ語・フランス語混合地域があり、これは東に進むに従って次第に拡大し、最長4‐5 kmの幅となっている[89]。

言語調査と言語境界線の確立

　ベルギー政府は言語使用に関する調査を定期的に行っていた。1846年の国

勢調査に「通常使用する言語」という調査項目が含まれていた。当時、フランドル運動およびそれに対抗するワロン側の反発がまだ本格化しておらず、したがって使用言語を偽る政治的な動機がまだ存在していなかったので、この調査結果にはある程度の科学的価値が認められている。この調査では、東フランドル州のアムジ(Amougies)・オロワ(Orroir)・ルセイニ(Russeignies)における主要な使用言語がフランス語であることが確認された。この三つの村は1962年にワロンのエノー州に併合された。また逆に、エノー州の一部であったエーディンヘン(Edingen)ではオランダ語話者が人口の過半数を占めていた。しかし、長い交渉の末、この町は1962年にオランダ語話者のための特別な施設が設置されたものの、そのままエノー州に残った。

　以降の国勢調査（1866年・1880年・1890年・1900年）では「通常使用する言語」の項目が「話せる言語」という項目に置き換えられた。しかし、1910年の国勢調査では再び「主要な使用言語」の項目が加えられている。これに対して、フランドル側から多くの批判が寄せられた。なぜなら、この項目は言語境界線の位置を修正する手段として利用されると考えられたからである。例えば、この言語調査実施の結果、ある地区における総人口のうちフランス語話者の比率が30％の数値を上回るようになったことが判明すれば、この地区の制度はもとのオランダ語単独使用地区から二言語使用地区へと変更されることになる。ブリュッセルを槍の穂先として言語境界線はすでに次第に北方へと移動し、元来オランダ語が話されていた地域がフランス語化していた。これ以上の領土割譲を拒んでいたフランドル側は、言語境界線に近い地区において「主要使用言語」項目の回答が政治的な要素に影響されていると主張した。それに対してワロン側は、各地区が調査の結果を元に独自にその使用言語について決める権利があると反論した。言語調査はこのようにして政治的な意味をもつようになり、各地区における使用言語の実態についての客観的判断がもはや不可能となった[90]。

　フランドル側は言語調査の中止および言語境界線の法的確立を強く要求した。言語境界線の確立はフランドルの領土がこれ以上失われることを防ぐ唯一の方法であると考えられた。一方、言語調査が言語境界線地帯のフランス語化を推進する手段に成り得ると考えたフランス語話者はこれに反対した[91]。1947年に再び言語調査が行われたが、その結果はフランドルにとってもっぱら不利なものであった。例えば、エーディンヘンにおけるフランス語話者の

比率は46%から79%へと急増した。この結果について、フランドル側は、第二次世界大戦におけるフランドル民族自決主義過激派がドイツ人占領者と協力したこと（前節参照）から起こった反フランドル感情が調査を左右したとし、調査結果の正確さに疑問を投げかけた。

　1960年の国勢調査に再び言語調査の項目が含まれると、フランドルの行政区300区以上が調査をボイコットして、調査票を市民に配布することを拒否した[92]。1961年7月24日にはフランドル側の要望が受け入れられ、言語調査は廃止された。また言語調査の廃止宣言とともに当時の首相であったルフェーヴレ（Theo Lefèvre）は言語境界線の確立を約束した。この約束に従って、ギルソン（Gilson）内務大臣は言語境界線法案の作成に着手した。しかし、法案の成立は思い通りには進まなかった。フランドル運動は二回にわたって（1961年10月21日と1962年10月14日）「ブリュッセルへの行進」（Mars op Brussel）という大規模なデモを組織した。また、ワロン運動はリエージュで反対デモを行った。1962年10月31日における国会の最終採決では、130議員は法案に賛成し、56議員は反対し、12議員は棄権した。

　この言語境界線法によっていくつかの州・行政地区の境界が修正された。ワロン地域の24区はフランドル地域へ、フランドル地域の25区はワロン地域へ移動した。フランドルはワロンに土地20,284haおよび人口87,450人を譲り、それに対してワロンはフランドルに土地14,977haおよび人口23,250人を譲った。地図19は1962年の法における主要な修正を示している。

この譲り合った土地・人口について不平等があるという指摘がされ、この法について当初フランドル運動から鋭い批判が寄せられた。これに対して、ワロン側は言語調査の廃止そのものが重要な譲歩であると反論した。しかし、当時のフランドル人民同盟党議員デコーニンク（Deconinck）は次のように記している。「言語境界線の規定における損失や不十分なところがその実質的な利点を見失う原因になってはいけない。この規定はまさに国家の二つの共同体の明確かつ具体的な承認および今後の両共同体の平等な発展を意味する」[93]。

言語境界線確立の影響

　言語境界線が法によって確立したことが言語境界線の北側に住むオランダ語話者の言語使用にどの影響を与えたか。クライセン（Kruijsen）はこの影響をリンブルフ州のハスペンハウ地域（Haspengouw）において調査した[94]。地

低地諸国の言語事情

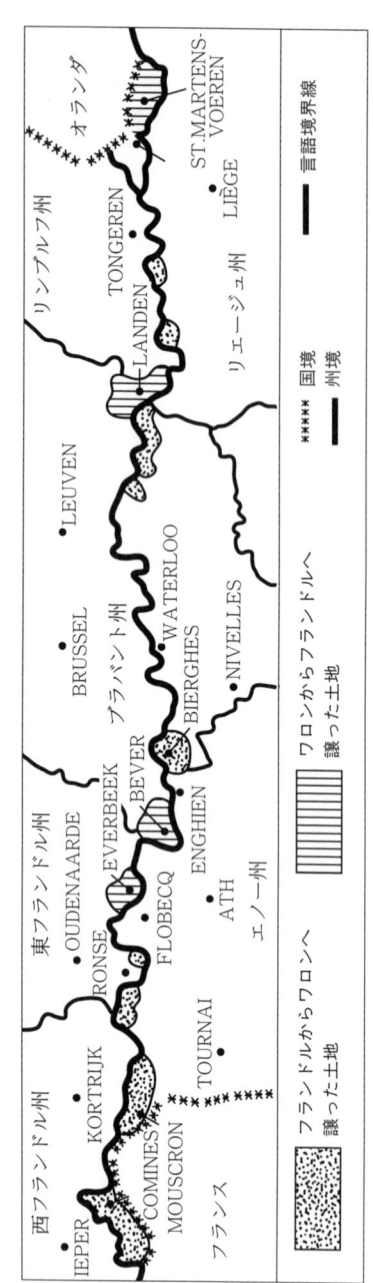

地図19　1962年の法的言語境界線およびフランドルとワロンがそれぞれ譲った土地
(Van Den Daele, 1975)

第七章　言語境界線の確立

図20は調査範囲を示している。

クライセンは183人に対して書面によるアンケートを実施した。インフォーマントは言語境界線確立後に生まれた世代（18-27歳）および言語境界線確立前にすでに母語習得を完了した世代（50-65歳）という二つのグループに分けられた。さらにアンケートは三つの地域（A, B, C）で行われた。A地域は言語境界線に隣接しており、B地域は言語境界線より北へ約10km、C地域は言語境界線より約25km離れたところに位置していた。

アンケートは3部から構成されていた。第1部はインフォーマントに関する質問（特にワロン人との接触、ワロンのテレビ放送の視聴）であった。この部の質問は他の部における回答を解釈するのに重要な情報を得るために設けられていた。第2部では日常の言語使用におけるフランス語の影響が調査された。インフォーマントはいくつかの名詞の発音などについての以下のような質問に回答した。

＊フランス語からの借用語の音節強調

　例えばdentist（歯医者）の強調はどこにかかるか。

　　（オランダ語は前音節、フランス語は後音節に強調がかかる）。

＊フランス語からの借用語の無強調母音の発音

　例えばchauffage（暖房）における無強調の母音はどのように発音されるか。

　　（オランダ語は ch/ə/ffage、フランス語は ch/o/ffage）

＊フランス語からの借用語の性別

　例えばgarage（ガレージ）にはne/nenあるいはeenのうちどの冠詞を付けるか。

　　（neはオランダ語の男性冠詞、eenは女性冠詞である。garageの場合、オランダ語では男性名詞であり、フランス語では女性名詞である。どちらの冠詞を選択するかによって、オランダ語の性かフランス語の性かどちらを採用しているかが分かる）

＊語彙の選択

　例えばautoかvoiture（両方「車」）のうちどちらの語を日常的に使うか。

　　（オランダ語はauto, フランス語はvoiture）

など

第3部ではフランス語およびフランス語からの借用語に対するインフォーマントの態度に関する質問が記載されていた。質問はフランス語に対する好

悪を反映させた主張について「同意」・「やや同意」・「同意でも不同意でもない」・「やや不同意」・「不同意」のいずれかを選ぶという形式であった。以下にいくつかの主張の例を示す。

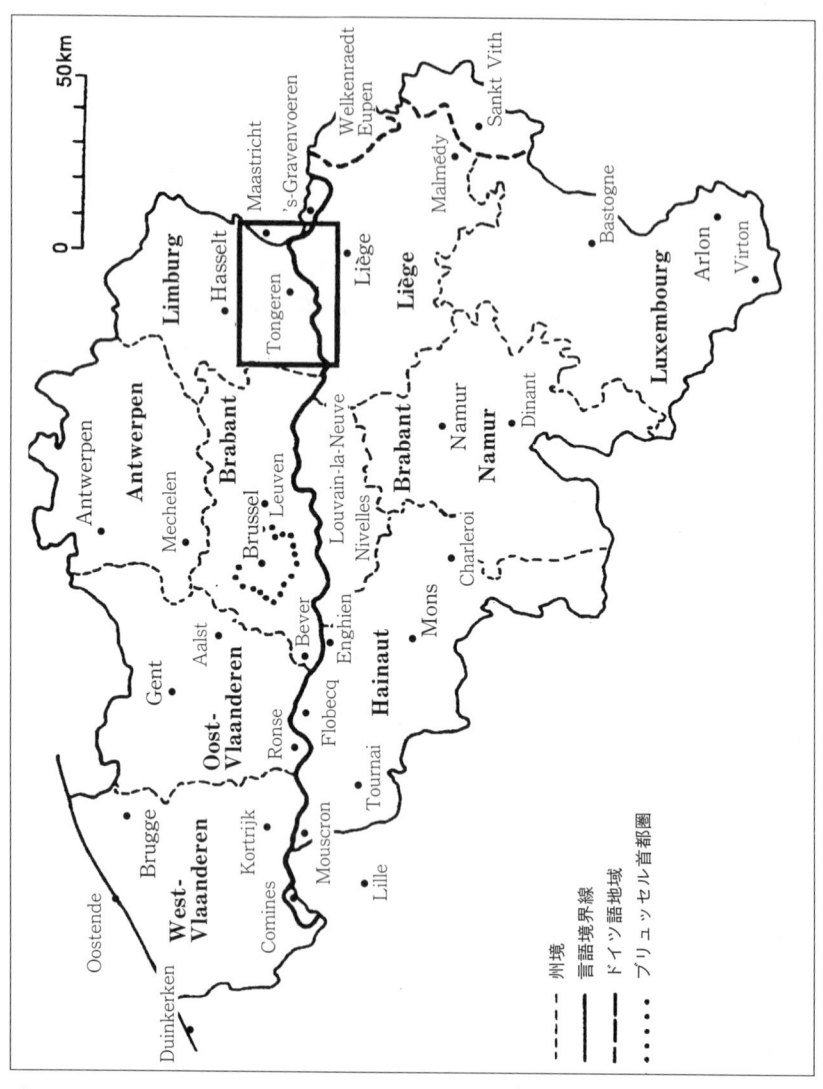

地図20　クライセンによる調査範囲（Kruijsen, 1995）

第七章　言語境界線の確立

＊フランス語の借用語は気に入らない。
＊フランス語の借用語はオランダ語を豊かにする。
＊二言語（オランダ語・フランス語）を話せることはベルギー人の美徳である。
＊フランドルではオランダ語のみ話すべきである。
　など

　第1部（ワロン人との接触について）の回答からは、年配者の方が若者よりもワロン人との接触が多いことが判明した。この結果は、言語境界線の確立がフランドル人とワロン人との間の接触を少なくしたということを示唆している。さらに、言語境界線から遠ざかるほど（地域 B, C）ワロン人との接触が減ることも確認された。また、第3部の調査結果から、若者が年配者ほどフランス語に対して否定的ではないことが示された。言語境界線の確立によって両民族の対立意識が緩和されたことが考えられる。

　特に、フランス語からの借用語の使用に関しては若者の方が年配者よりも肯定的な態度を示している。しかし、より肯定的な態度を示しているからといって、若者の方がフランス語の借用語をより頻繁に使用するという結果には至っていない。第2部の調査結果からは、年配者と比較して若者の日常の言語使用においてフランス語の影響が少なくなっていることが明らかになった。特に名詞の性・語彙の選択において年配者と若者との差が著しかった。つまり、言語境界線の確立によってフランドル人とワロン人との接触の機会が少なくなり、フランス語の影響力が弱まったと言える。また、言語境界線から遠ざかるほどフランス語の影響が減少することも確認された。

　これらの結果を考え合わせると、フランス語に対する態度と日常の言語使用におけるフランス語の影響との間にはほとんど関連がないということになる。その証拠として、フランス語に肯定的な態度を示す若者よりも、フランス語に否定的であるが、言語境界線確立以前においてワロン人と接触する機会がより多かった年配者の方がフランス語の影響を受けている。このことは、フランス語に対する態度よりも、むしろワロン人とどれだけ接触があるかの方が言語使用に影響を及ぼすという説を裏付ける。結論として、言語境界線の確立は両民族間の対立を表面上緩和したとともに、オランダ語におけるフランス語の影響をかなり減少させ、言語境界線に近い地域におけるフランス語化に歯止めをかけたと言える。

結　　語

　ベルギーにおけるオランダ語・フランス語の言語境界線の成立については、これまで多くの学者が自らの研究分野を背景に様々な学説を立ててきた。本稿では地名学・文献学・考古学・社会言語学の各分野における研究成果を総合して、言語境界線の成立およびその背景に働いているメカニズムを解明することを試みた。全体像をより明確に伝えるために、ここでもう一度本稿の要点を示しておく。
　ローマ人の到来以前、ベルギーは原住民・ケルト人・ゲルマン人という異なった民族が共存している地域であった。ローマ帝国に併合されてから、ベルギーはライン川を防衛していたローマ軍のための物資供給地域として重要となり、ローマ軍の駐留およびローマの植民地開拓者の居住によって、強いロマンス化を受ける。地名の調査結果が示す通り、この時期のベルギーにおけるロマンス語化はかなり進んでいたが、北部にはなおゲルマン語との混合地域を残していた。
　2世紀後半から、ライン川以北に居住するゲルマン諸部族の一つフランク人がベルギーを侵略し始める。このフランク人の侵略と当時の気候的状況変化が重なり、ベルギー北部は無人地帯に化した。ローマ人はベルギー北部を防衛対象から外し、ベルギーの真中を横切るバヴェ・ケルン間の軍道に要塞の連なる新しい防衛線を建設した。その結果、フランク人はベルギー北部で障害なく行動することができるようになり、4世紀半ばにこの地域に定住し始める。フランク人の移住を防ぐことが不可能であると悟ったローマ人は、フランク人の移住者を同盟者として迎えた。それゆえに、ベルギー北部にはゲルマン民族大移動以前にすでにフランク人が定住していた。
　ゲルマン民族大移動の際、フランク人はベルギー北部を維持することに成功する。この時期にまだライン川以北に居住していたフランク人やサクソン人もライン川を越え、ベルギー北部およびフランス北部への移住が完了した。考古学調査の結果が示す通り、移住は二段階で行われた。ゲルマン民族大移動後、フランク人は彼らの指導者とともに西方に進み、やがてカンブレ・ド

結　語

　ールニック周辺に定住した。その後、6‐7世紀にその地点から川に沿ってベルギー北部を再植民した。フランク人の移住にともなって、人口密度が低かったベルギー北部における使用言語は植民者の言語、すなわちフランク語となった。一方、人口密度が高かった南部では、征服者であるフランク人の言語は人口の大部分を占めていたローマ・ガリア人に採用されはしなかったが、初期の段階においてガリア人の話すロマンス語に影響を及ぼした。こうした状況をもとに、中世初期に、ベルギー南部を含むガリア北部はゲルマン語（後のオランダ語）およびロマンス語（後のフランス語）の両言語が使用される言語境界地帯となった。

　中世の間にこの言語境界地帯は少しずつ言語境界線へと集約されていく。この言語境界線の成立メカニズムとして、パリの影響下にありロマンス人の人口密度が高い地域ではフランス語が統一言語となり、逆にパリから離れフランク人が大多数を占めた地域ではオランダ語が統一言語となった。中世中期、言語境界線はバヴェ・ケルン軍道の位置とほぼ一致する。しかし、その後のフランス王やフランス革命家たちのフランス語化政策の結果として、フランス北部およびベルギーにおいて言語境界線は少しずつ北東に移動し始めた。ベルギーのフランス語化は単にこのフランス語化政策のみに起因しているのではなく、18世紀のヨーロッパで広がっていたフランスの文化・言語に熱中するコスモポリタン主義も大きな要因であった。フランスとの併合によって権力を獲得したベルギーの富裕な市民階級は自らの社会的地位を高める手段としてフランス語化を歓迎した。フランス語は、この新しいエリート層にとって一般市民から一線を画し社会的優越を示す社会的基準となった。このような社会的傾向は市民階級においてフランス語化政策を浸透させる土壌を形成した。このため、言語境界線の周辺のみならず大都市でもフランス語化が起こっていた。すなわち言語境界線は領土的境界であるだけでなく、社会的境界でもあった。

　ナポレオン敗北後、ベルギーが15年の間オランダに統合されていた時に、ネーデルランド王国の国王ウィレムⅠ世は徹底したオランダ語化政策によって失われたオランダ語地域の回復を図ったが、上流階級の反抗やベルギーの独立によってこの企ては無になった。ベルギー独立後はフランス語が唯一の公用語となり、ブリュッセルを中心に北部におけるフランス語化が再び進むようになる。この状況に対して立ち上がったのがいわゆるフランドル運動で

あった。参政権の導入とともにフランドル運動の要求が政治的に認められるようになり、数度にわたって制定された言語法によってオランダ語がフランス語と並んで公用語の地位を獲得した。

しかし、これらの言語法が制定されてもブリュッセルおよび言語境界線周辺のフランス語化に歯止めをかけることにはならなかった。オランダ語にとっての最も大きな脅威は定期的に行われた言語調査であった。言語調査の結果次第で言語境界線周辺地区の制度がオランダ語地区から二言語地区あるいはフランス語地区に変更されることが法的に可能であった。このため言語境界線がさらに北方に移動し、ベルギーのオランダ語地域が縮小する結果になっていた。この傾向は特にブリュッセル周辺で著しかった。フランドル人はフランドルの文化・言語を保護するために、言語調査の廃止および言語境界線の確立を要求していた。

法的言語境界線の確立は1962年にようやく実現された。これによって、フランドルは単一言語使用地域となり、フランス語化に歯止めがかけられた。また、言語境界線周辺の地域で行われたアンケート調査によって、フランス語使用だけでなく、若者の日常言語の使用においてもフランス語からの影響が弱まっていることが明らかになった。2世紀もの間かなりのフランス語化を受けていたブリュッセルはまだ二言語圏のままであるが、フランドルの経済発展およびブリュッセルにおけるフランドル政府機関の存在の影響により、もともとフランドルに属していたこの都市においてもオランダ語復活の兆しが見られる。

あとがき

本稿が成るに当たって、本書の第一部を著した京都大学助教授河崎靖氏には多くのご教示を受けた。妻桂子は原稿を校閲し、明瞭な文体にした。また、京都大学の指導教授松田清氏には「フランドル人の言語」についての貴重な文献を紹介して頂いた。あらためて厚く感謝申し上げます。

注

第一部

1 Braune, W. (¹³1975) *Althochdeutsche Grammatik*. Tübingen など。
2 Frey, E. (1994) *Einführung in die Historische Sprachwissenschaft des Deutschen*. Heidelberg.
3 Comrie, B. et al (1996) *The Atlas of Languages*. London.『世界言語文化図鑑』(片田 房 訳) 東洋書林 1999.
4 Streitberg, W. (⁷2000) *Die gotische Bibel*. Heidelberg.
5 Donaldson, B.C. (1983) *Dutch - A linguistic history of Holland and Belgium*. Leiden.『オランダ語誌』(石川 光庸、河崎 靖 訳) 現代書館 1999. 126頁。
6 Donaldson, B.C. (1983) 『オランダ語誌』(石川 光庸、河崎 靖 訳) 現代書館 1999. 125-131頁。
7 Donaldson, B.C. (1983) 『オランダ語誌』(石川 光庸、河崎 靖 訳) 現代書館 1999. 13-14頁。
8 桧枝陽一郎:「オランダ語の起源について-英語とドイツ語のはざまで-」『日蘭学会会誌』第16巻第2号(1992) 18-19頁。
9 Wal, M. van der (1992) *Geschiedenis van het Nederlands*. In samenwerking met C. van Bree. Utrecht. 402-407頁。
10 桧枝陽一郎:「オランダ語の起源について-英語とドイツ語のはざまで-」『日蘭学会会誌』第16巻第2号(1992) 19-20頁。
11 Wal, M. van der (1992) *Geschiedenis van het Nederlands*. In samenwerking met C. van Bree. Utrecht. 344-7, 349-353頁。
12 Wal, M. van der (1992) *Geschiedenis van het Nederlands*. In samenwerking met C. van Bree. Utrecht. 343頁。
13 Donaldson, B.C. (1983) 『オランダ語誌』(石川 光庸、河崎 靖 訳) 現代書館 1999. 32-33頁。
14 Donaldson, B.C. (1983) 『オランダ語誌』(石川 光庸、河崎 靖 訳) 現代書館 1999. 31-33頁。
15 Hagen, A.M. (1991) "Waar is de regenboog gebleven?" pp.9-17, In: *Het dialectboek. Kroesels op de bozzem* (ed. by H.Crompvoets & A.Dams) Waalre.
16 Quak, A. (1981) *Die altmittel- und altniederfränkischen Psalmen und Glossen*. Amsterdam, Quak, A. (1975) *Wortkonkordanz zu den altmittel- und altniederfränkischen Psalmen und Glossen*. Amsterdam, Kyes, R.L. (1983) *Dictionary of the Old Low and Central Franconian Psalms and Glosses*. Tübingen など。
17 de Vries, J.W., Willemyns, R. & Burger, P. (1994): *Het verhaal van een taal*. Amsterdam など。
18 出崎 澄男 (1977/1978)「フランク族とは何か(上)(下)」『白百合女子大学研究紀要』第13/14号。

19 Donaldson, B.C. (1983) 『オランダ語誌』(石川 光庸、河崎 靖 訳) 現代書館 1999。141-144頁。
20 van Helten, W.L. (1902) *Die altostniederfränkischen Psalmenfragmente, die Lipsius'schen Glossen und die altsüdmittelfränkischen Psalmenfragmente mit Einleitung, Noten, Indices und Grammatiken.* Groningen.
21 Quak, A. (1981) *Die altmittel- und altniederfränkischen Psalmen und Glossen.* Amsterdam.
22 Bremmer, R.H. & Quak, A. (1992) *Zur Phonologie und Morphologie des Altniederländischen.* Gylling, Goossens, J. (1974) *Historische Phonologie des Niederländischen.* Tübingen, Kyes, R.L. (1969) *The Old Low Franconian Psalms and Glosses.* Ann Arbor, Van Loey, A. (1976) *Middelnederlandse Spraakkunst.* I. vormleer (^{8}1976), II. klankleer (^{7}1976). Groningen.
23 Donaldson, B.C. (1983) 『オランダ語誌』(石川 光庸、河崎 靖 訳) 現代書館 1999. 19頁、152頁。
24 Wal, M. van der (1992) *Geschiedenis van het Nederlands.* In samenwerking met C. van Bree. Utrecht. 128-178頁。
25 Vandeputte, O. (1983) *Nederlands. Het verhaal van een taal.* Stichting Ons Erfdeel. 33-35頁。
26 Vandeputte, O. (1983) *Nederlands. Het verhaal van een taal.* Stichting Ons Erfdeel. 35-40頁。

第二部
1 言語境界線研究史の記述のために原資料の他に、主として Daele (M. vanden), *De Frans-Nederlandse taalgrens.* Antwerpen, 1975. および Lamarcq (Danny) & Rogge (Marc), *De taalgrens.* Leuven, 1996.を参考にした。
2 Caesar, *Commentarii de Bello Gallico.* The Loeb Classical Library, Harvard University Press, 1986.
3 Tacitus, *De Origine et Situ Germanorum.* The Loeb Classical Library, Harvard University Press, 1996.
4 Kurth (Godefroid), *La frontière linguistique en Belgique et dans le Nord de la France.* Bruxelles, 1896.
5 Linden (Herman vander), La forêt charbonnière, in: *Revue belge de philologie et d'histoire,* 1923, pp. 203-214.
6 Petri (Franz), *Germanisches Volkserbe in Wallonien und Nordfrankreich.* Bonn, 1937.
7 *Ibid.,* p. 259.
8 Haust (Jean), Franz Petri, Germanisches Volkserbe in Wallonien und Nordfrankreich, in: *Handelingen van de Koninklijke Commissie voor Toponymie & Dialectologie,* XII, 1938, pp. 402-406.

注

9 Verlinden (Charles), *Les origines de la frontière linguistique en Belgique et la colonisation Franque*. Bruxelles, 1955.
10 Gysseling (Maurits), *Toponymisch Woordenboek van België, Nederland, Luxemburg, Noord-Frankrijk en West-Duitsland*. Brussel, 1960.
11 Gysseling (Maurits), Germanisering en taalgrens, in: *Algemene geschiedenis der Nederlanden*. Haarlem, 1981, pp. 100-115.
12 Milis (Ludo), Cultuurhistorische en -sociologische overwegingen bij het fenomeen taalgrens, in: *Ons Erfdeel*, 1984, pp. 641-650.
13 Brun (Patrice), Le Bronze atlantique et ses subdivisions culturelles: essai de definition, in: Chevillot & Coffyn (ed.), *L'Age du Bronze atlantique*. Beynac-et-Cazenac, 1991, pp. 11-24.
14 Roymans (Nico), Late Urnfield societies in the Northwest European Plain and the expanding networks of Central European Hallstatt Groups, in: *Images of the past. Studies on ancient societies in Northwestern Europe*. Amsterdam, 1991, pp. 34-49.
15 Van Doorselaer (André) etc., *De Kemmelberg, een Keltische bergvesting*. (Westvlaamse Archeologica, Monografieën, 3), Kortrijk, 1987, pp. 46-47.
16 Van Doorselaer (André), De Romeinen in de Nederlanden, in: *Algemene geschiedenis der Nederlanden*, Haarlem, 1981, p. 24.
17 *Ibid.*, pp. 24-25.
18 *Ibid.*, pp. 25-26.
19 Gysseling (Maurits), Substraat invloed in het Nederlands, in: *Taal en Tongval* 33, 1981, pp. 76-79.
20 De Mulder (Guy) & Van Durme (Luc), De taal van de Oude Belgen, in: *De taalgrens*. Leuven, 1996, p. 44.
21 *Ibid.* p. 44.
22 Gysseling, Germanisering en taalgrens, p. 102.
23 De Mulder (Guy) & Van Durme (Luc), *op.cit.*, pp. 45-48.
24 Van Doorselaer, De Romeinen in de Nederlanden, p. 16.
25 Van Durme (Luc), De namen op -(i)ācum in het noorden van de Romeinse provincie Gallia Belgica, in: *Naamkunde* 27 (1995), pp. 47-77.
26 *Ibid.*
27 以下, Gysseling, Germanisering en taalgrens, p. 103-104.
28 James (Edward), *De Franken*, Baarn Ambo, 1990, p. 43.
29 Elton (Hugh), *Warfare in Roman Europe AD 350-425*. Oxford, 1996, pp. 32-33.
30 Rogge (Marc), Vlaanderen en het zuiden van Nederland weken zich los van het centrum, in: *De taalgrens*. Leuven, 1996, p. 95.
31 以下、文献学・貨幣学・考古学の説明について、Rogge (Marc), *op. cit.*, pp. 70-81. を参考にした.
32 Thirion (Marcel), *De muntschat van Liberchies. Aurei uit de eerste en de tweede*

eeuw. Brussel, 1972.
33　James, *op. cit.,* p. 45.
34　Rogge, *op. cit.,* pp. 82-83.
35　Brulet (Raymond), *La Gaule septentrionale au Bas-Empire.* Trierer Zeitschrift, Beiheft 11, Trier, 1990.
36　Van Doorselaer, De Romeinen in de Nederlanden, pp. 86-95.
37　Brulet (Raymond) & Thollard (Patrick), *Forts romains de la route Bavay-Tongres, le dispositif militaire du Bas-Empire.* Louvain-la-Neuve, 1995, p. 23.
38　Rogge (Marc), Van tijdelijk herstel tot desintegratie, in : *De taalgrens.* Leuven, 1996, pp. 132-133.
39　De Boe (G.), De opgravingscampagne 1985 te Neerharen-Rekem, in : *Archaeologia Belgica, nieuwe reeks* II, 1986, pp. 23-26.
40　De Paepe (Paul) & Van Impe (Lucien), Historical context and Provenancing of Late Roman Hand-Made Pottery from Belgium, the Netherlands and Germany, in : *Archeologie in Vlaanderen* I, 1991, pp. 145-180.
41　Vermeulen (Frank), *Tussen Leie en Schelde. Archeologische inventaris en studie van de Romeinse bewoning in het zuiden van de Vlaamse zandstreek.* Gent, 1992.
42　De Cock (S.) etc., Het archeologisch onderzoek te Zerkegem-Jabbeke, in : *Westvlaamse Archeologica* 3, 1972, pp. 37-54.
43　Van Doorselaer, De Romeinen in de Nederlanden, p. 98.
44　James, *op.cit.,* p. 61.
45　Gregorius van Tours, *Historia Francorum,* II, 9.
46　James, *op.cit.,* p. 66.
47　*Ibid.,* p. 66.
48　*Ibid.,* p. 66.
49　*Ibid.,* pp. 73-74.
50　Rogge (Marc), De consolidatie, in : *De taalgrens,* Leuven, 1996, pp. 145-146.
51　*Ibid.,* p. 147.
52　以下の例、Gysseling (Maurits), Overzicht over de toponymie van Frans-Vlaanderen, in : *Naamkunde* 1 (1969), pp. 167-174. による。
53　Gysseling, Germanisering en taalgrens, pp. 107-108.
54　以下、-inga-tuna 地名については Durme (Luc van), De Germanisering in het licht van de plaatsnamen, in : *De taalgrens,* Leuven, 1996, pp. 161-163.による。
55　Gysseling, Germanisering en taalgrens, pp. 110-111.
56　*Ibid.,* p. 111. 以下ロマンス語におけるフランク語の影響については同様。
57　*Ibid.,* p. 112.
58　*Ibid.,* p. 112.
59　Gysseling (Maurits), De verfransing in Noord-Frankrijk, in : *Naamkunde* 4, 1972, pp. 53-69.

注

60 *Ibid.*, p. 58.
61 Van Durme (Luc), Van taalgrenszone naar taalgrens, in : *De taalgrens*, Leuven, 1996, p. 186.
62 Gysseling, De verfransing in Noord-Frankrijk, p. 60.
63 Gysseling (Maurits) & Wyffels (C.), Diets in schepenverordeningen van Calais uit het einde der XIIIe eeuw, in : *Studia Germanica Gandensia* 4, 1962, pp. 9-30.
64 Gysseling, De verfransing in Noord-Frankrijk, pp. 63-64.
65 Jansen (H.P.H.) & Milis (Luc), De Middeleeuwen, in : *Winkler Prins Geschiedenis der Nederlanden*, Amsterdam, 1977, p. 248.
66 Gysseling, De verfransing in Noord-Frankrijk, p. 62.
67 Lamarcq, Pour les Flamands la même chose, de taalgrens als sociale grens, in : *De taalgrens*, Leuven, 1996, p. 202.
68 Gysseling, De verfransing in Noord-Frankrijk, p. 64.
69 *Ibid.*, p. 64.
70 *Ibid.*, pp. 65-66.
71 *Ibid.*, p. 67.
72 *Ibid.*, pp. 67-68.
73 Deneckere (Marcel), Franse taalpolitiek 1796-1814, in : *Encyclopedie van de Vlaamse Beweging*, Tielt, 1975, p. 1593.
74 Ibid., p. 1593.
75 Ibid., p. 1594.
76 Milis, *op. cit.*, p. 643.
77 D'Hoker (Marc), Nederlandse taalpolitiek 1814-'30, in : *Encyclopedie van de Vlaamse Beweging*, Tielt, 1975, pp. 1594-1595.
78 *Ibid.*, p. 1596.
79 Alen (André), *Algemene beginselen en grondslagen van het Belgisch Publiek Recht*. Brussel, 1988, pp. 77-91.
80 憲法31条。
81 憲法23条ではベルギーにおける使用言語は自由とされているが、1830年11月16日の臨時政府の法令はフランス語を唯一の公用語に定めた。
82 Witte (Els) en Van Velthoven (Harry), Taalpolitiek en -wetgeving, in : *Encyclopedie van de Vlaamse Beweging*, Tielt, 1998, p. 3002.
83 *Ibid.*, p. 3004. 本章、「言語調査と言語境界線の確立」の節を参照。
84 *Ibid.*, p. 3002.
85 Destrée (Jules), *Lettre au Roi sur la séparation de la Wallonie et de la Flandre*, Editions de la Wallonie Libre, 1968, p. 16.
86 Witte (Els) en Van Velthoven (Harry), Taalpolitiek en -wetgeving, p. 2997.
87 De Metselaere (Machteld), Talentellingen, in : *Encyclopedie van de Vlaamse Beweging*. Tielt, 1998, pp. 2949-2950.

88 Blancquaert (Edgar), Vlaamsch Neerlandicus op den Uitkijk, in: *Koninklijke Vlaamse Academie*, nov.-dec. 1935, p. 1046.
89 Blancquaert (Edgar), *Dialectatlas van Zuid-Oost-Vlaanderen*, Antwerpen, 1930.
90 Van Den Daele (M.), *De Frans-Nederlandse taalgrens*. Antwerpen, 1975, p. 16.
91 *Ibid.*, p. 16.
92 *Ibid.*, pp. 16-17.
93 *Ibid.*, p. 25.
94 Kruijsen (Joep), *Geografische patronen in taalcontact. Romaans leengoed in de Limburgse dialecten van Haspengouw*. Amsterdam, 1995.

> 著者紹介

河崎　靖［かわさき・やすし］京都大学助教授（ゲルマン語学）

クレインス　フレデリック　Cryns Frederik　日本学術振興会特別研究員
　〔京都大学　人間・環境学研究科〕（日欧交流史）

目録進呈　落丁本・乱丁本はお取替えいたします。

平成 14 年 10 月 20 日　　Ⓒ 第 1 版発行

低地諸国（オランダ・ベルギー）の言語事情

著　者　　河　崎　　　靖
　　　　　クレインス フレデリック

発行者　　佐　藤　政　人

発　行　所

株式会社　大　学　書　林

東京都文京区小石川 4 丁目 7 番 4 号
振替口座　　00120-8-43740
電話　（03）3812-6281〜3番
郵便番号112-0002

ISBN4-475-01861-7　　写研・横山印刷・牧製本

大学書林
語学参考書

著者	書名	判型	頁数
朝倉純孝 著	オランダ語四週間	B6判	384頁
塩谷　饒 著	オランダ語文法入門	B6判	192頁
朝倉純孝 著	オランダ語文典	B6判	224頁
鳥井裕美子 編	オランダ語会話練習帳	新書判	228頁
檜枝陽一郎 編	オランダ語基礎1500語	新書判	152頁
朝倉純孝 編	オランダ語常用6000語	B小型	328頁
朝倉純孝 著	オランダ語会話ハンドブック	B6判	246頁
朝倉純孝 訳注	オランダ文学名作抄	B6判	200頁
朝倉純孝 訳注	オランダ黄金時代史	B6判	184頁
ムルタテューリ／渋沢元則 訳注	マックス・ハーフェラール	B6判	272頁
斎藤　信 著	日本におけるオランダ語研究の歴史	B6判	246頁
桜井　隆 編	アフリカーンス語基礎1500語	新書判	120頁
児玉仁士 著	フリジア語文法	A5判	306頁
岩崎英二郎 著	ドイツ語不変化詞の用例	B6判	352頁
小島公一郎 著	ドイツ語史	A5判	312頁
塩谷　饒 著	ドイツ語の諸相	A5判	214頁
渡辺格司 著	低ドイツ語入門	A5判	202頁
小柳篤二 著	新しい独文解釈法	B6判	416頁
浜崎長寿 著	ゲルマン語の話	B6判	240頁
下宮忠雄 著	ゲルマン語読本	B6判	168頁
島岡　茂 著	英独比較文法	B6判	264頁
島岡　茂 著	仏独比較文法	B6判	328頁

― 目録進呈 ―

大学書林 — 語学参考書

著者	書名	判型	頁数
工藤康弘 著 藤代幸一	初期新高ドイツ語	A5判	216頁
藤代幸一 岡田公夫 著 工藤康弘	ハンス・ザックス作品集	A5判	256頁
塩谷 饒 著	ルター聖書	A5判	224頁
古賀允洋 著	中高ドイツ語	A5判	320頁
浜崎長寿 著	中高ドイツ語の分類語彙と変化表	B6判	174頁
浜崎長寿 松村国隆 編 大澤慶子	ニーベルンゲンの歌	A5判	232頁
戸沢 明 訳 佐藤牧夫・他著	ハルトマン・フォン・アウエ 哀れなハインリヒ	A5判	232頁
赤井慧爾・他訳著	ハルトマン・フォン・アウエ イーヴァイン	A5判	200頁
尾崎盛景 著 高木 実	ハルトマン・フォン・アウエ グレゴリウス	A5判	176頁
山田泰完 訳著	ヴァルター・フォン・デア・フォーゲルヴァイデ 愛の歌	A5型	224頁
須沢 通 著	ヴォルフラム・フォン・エッシェンバハ パルツィヴァール	A5判	236頁
古賀允洋 著	クードルーン	A5判	292頁
佐藤牧夫・他著	ゴットフリート・フォン・シュトラースブルク 「トリスタン」から リヴァリーンとブランシェフルール	A5判	176頁
岸谷敞子 柳井尚子 訳著	ワルトブルクの歌合戦	A5判	224頁
岸谷敞子・他著	ドイツ中世恋愛抒情詩撰集 ミンネザング	A5判	312頁
髙橋輝和 著	古期ドイツ語文法	A5判	280頁
新保雅浩 著	古高ドイツ語 オトフリートの福音書	A5判	264頁
斎藤治之 著	古高ドイツ語 メルクリウスとフィロロギアの結婚	A5判	232頁
藤代幸一 檜枝陽一郎 著 山口春樹	中世低地ドイツ語	A5判	264頁
藤代幸一 監修 石田基広 著	中世低地ドイツ語 パリスとヴィエンナ	A5判	212頁
石川光庸 訳著	古ザクセン語 ヘーリアント（救世主）	A5判	272頁

― 目録進呈 ―

浜崎長寿・乙政　潤・野入逸彦編集
「ドイツ語文法シリーズ」
第Ⅰ期10巻内容（※は既刊）

第1巻
※「ドイツ語文法研究概論」　　　浜崎長寿・乙政　潤・野入逸彦

第2巻
「名詞・代名詞・形容詞」　　　浜崎長寿・橋本政義

第3巻
「冠詞・前置詞・格」　　　成田　節

第4巻
「動詞」　　　浜崎長寿・野入逸彦・八本木　薫

第5巻
※「副詞」　　　井口　靖

第6巻
「接続詞」　　　村上重子

第7巻
※「語彙・造語」　　　野入逸彦・太城桂子

第8巻
「発音・綴字」　　　桝田義一

第9巻
※「副文・関係代名詞・関係副詞」　　　乙政　潤・橋本政義

第10巻
※「表現・文体」　　　乙政　潤

乙政　潤　著	入門ドイツ語学研究	A 5 判	200頁
乙政　潤 ヴォルデリング 著	ドイツ語ことわざ用法辞典	B 6 判	376頁
浜崎長寿 乙政　潤 野入逸彦 編	日独語対照研究	A 5 判	248頁

― 目　録　進　呈 ―